Emmanuel Renault OCD
DIE GLAUBENSPRÜFUNG

Wer nie versucht wurde, was weiß der?
(Jesus Sirach 34, zitiert in LT 198)

Seid voll Freude, meine Brüder, wenn ihr in mancherlei Versuchung geratet. Ihr wisst, dass die Prüfung eures Glaubens Ausdauer bewirkt. Die Ausdauer aber soll zu einem vollendeten Werk führen; so werdet ihr vollendet und untadelig sein, es wird euch nichts mehr fehlen.
(Jak 1,2–4)

Emmanuel Renault OCD
DIE GLAUBENSPRÜFUNG

Der Kampf der Therese von Lisieux
April 1896 bis 30. September 1897

Die Deutsche Bibliothek – CIP – Einheitsaufnahme
Die Deutsche Bibliothek verzeichnet diese Publikation in der
Deutschen Nationalbibliografie; detaillierte bibliografische
Daten sind im Internet unter http://dnb.ddb.de abrufbar.

1. Auflage 2008
© Paulinus Verlag GmbH, Trier
Alle Rechte vorbehalten
Herausgeber: Theresienwerk e. V., Augsburg
Französische Originalausgabe: L' Épreuve de la Foi, Editions du Cerf 1991
Übersetzung: Harald Beck
Umschlaggestaltung: Paulinus Verlag, Adriana Walther
Titelabbildung: Gruppe der Kommunität beim Eingang des Klosterhofs, 1895,
© Theresienwerk e. V. Augsburg
Herstellung: Paulinus Verlag GmbH
ISBN 978-3-7902-0186-4
www.paulinus.de

Inhalt

Abkürzungsverzeichnis 7

Vorwort 9

Primärtexte 17
  Manuskript B 18
  Manuskript C 19

Einleitung 27

I DIE PRÜFUNG DURCH DIE KRANKHEIT 29
  Die körperlichen Leiden 29
  Geistige Qualen 32

II DIE GLAUBENSPRÜFUNG 37
  Die Finsternis 38
  Die Versuchungen durch die Zweifel 42
  Der Kampf 49
    Der konsequente Widerstand 50
    Die Taktik der Flucht 53
    Die Bekräftigung ihres Glaubens 57
    Die Hingabe an Gott 62

III DIE BEDEUTUNG DER GLAUBENSPRÜFUNG 69
  Eine große Gnade 69
  Persönliche Läuterungen 73
    Menschliche Anregungen aus ihrem Glauben 75
    Das ungeduldige Warten auf den Tod 79
    Geschwisterliche Liebe 84
  Der apostolische Geist 87
    Das Bewusstsein, zu den Gerechten zu gehören 90
    Das Bewusstsein der Sündhaftigkeit 92
    Ihr Wirken über den Tod hinaus 96

IV DER GEIST DES KLEINEN WEGES 101
  Das Klein-Sein 104
    Sie wird sich ihrer Situation bewusst 105
    Das Annehmen 114
  Gottvertrauen 118
    Die Güte Gottes 121
    Die persönliche Liebe 125

Vom Prototyp zur Serienfertigung 133

Nachwort: „Die Bewährung" 135

Anhang 139

Wegmarken 141

Texte der Prozessakten 149
  Artikel 149
  Zeugen 150
    Agnès de Jésus OCD 150
    Marie du Sacré-Coeur OCD 154
    Geneviève de Sainte-Thérèse OCD 155
    Thérèse de Saint-Augustin OCD 159
    Marie des Anges OCD 159
    Marie de la Trinité OCD 160
    Godefroy Madeleine O.Praem. 161

Vorwort

Schreite voran, schreite voran, freue dich auf den Tod, der dir nicht das Erhoffte schenken wird, sondern eine noch tiefere Nacht, die Nacht des Nichts.

Von wem stammen diese Zeilen? Von Nietzsche? Von einer Person in Sartres Werk? Von einem Drogensüchtigen, der vom schwindelnden Abgrund des Selbstmords angezogen ist?

Schwester Therese vom Kinde Jesus hat sie in ihrem Bett geschrieben am 9. Juni 1897, drei Monate bevor sie, von Tuberkulose aufgezehrt, starb. Sie fügte hinzu: *ich will nicht weiter schreiben, ich fürchte, ich könnte Unehrerbietiges sagen ... ich fürchte, ich habe schon zu viel gesagt ...* (Ms C, 7r°).

Man mag gegenüber der Sprache Thereses, gegenüber ihrer kulturellen und religiösen Welt allergisch sein, oder aber sich für ihren geistlichen Horizont begeistern, eine Tatsache erregt mehr und mehr die Aufmerksamkeit derer, die ihr begegnen: diese mysteriöse Dunkelheit, in der sie während der letzten eineinhalb Jahre ihres Lebens gelebt hat. Zweifellos findet diese Tatsache bei unseren Zeitgenossen großen Anklang, denn die Scheinwerfer richten sich heute besonders gerne auf diesen wesentlichen Abschnitt ihres Lebens, als zur Prüfung durch die Krankheit noch die Prüfung durch den Glauben und die Hoffnung hinzutrat.

Besondere Anerkennung gebührt Marcel Moré, der 1953 in einem aufwühlenden Artikel unter der Überschrift La table des pécheurs *(Der Tisch der Sünder)* die Aufmerksamkeit auf diesen Punkt richtete und die Veröffentlichung aller Schriften und mündlichen Äußerungen Thereses verlangte. Er kam zu dem Schluss: „Wir leben in einer Zeit, in der die *tiefste Finsternis des Nichts* sich wie große Tischtücher über die Erde ausbreitet, und (...) vielleicht können nur die wahren Worte Thereses sie vertreiben."[1]

Zwanzig Jahre später haben diese Seiten in einem ganz anderen geschichtlichen Kontext nichts von ihrer Aussagekraft verloren. Für viele unserer Zeitgenossen, die ein Licht in der Dunkelheit suchen, die sich Fragen stellen zum Sinn des Lebens und zum Schicksal einer zerrissenen Welt, genügt die Glaubensprüfung, um die Heilige von Lisieux wieder aktuell werden zu lassen.

So hat der *Holländische Katechismus* (1966) auf seinen 650 Seiten die französische Karmelitin nur ein einziges Mal erwähnt (Kapitel über den Glauben, Abschnitt über den Zweifel), und zwar um hervorzuheben, dass „dieses Mädchen in die Reihe der Helden des Briefes an die Hebräer gehöre" (Kap. XI)[2].

Dr. Ratzinger hat am Anfang seines Buches *Christlicher Glaube gestern und heute* auf Therese hingewiesen, die „eine so liebenswerte Heilige war und offensichtlich von problemloser Einfachheit" und plötzlich von der Zweifelsangst befallen war und ein Symbol des Menschen unserer Tage ist, der „plötzlich den gähnenden Abgrund unter dem von den konventionellen Wahrheiten gestützten soliden System bemerkt ... Dann stellt sich die Frage nach

---
[1] Dieu Vivant, 24, S. 103
[2] Französische Übersetzung, Une introduction à la foi catholique, Idoc-France 1968, S. 379, Französische Übersetzung, Mame 1969, S. 10
[3] Französische Übersetzung, Mame 1969, S. 10

dem Alles oder Nichts: Das ist die einzige Alternative."³

Muss man sich wundern? Wer kann bei dem kulturellen Zerfall, den wir erleben, bei der radikalen Infragestellung der Glaubensgrundlagen durch einen vielfältigen Atheismus behaupten, er mache keine Prüfung durch? Die biblische Geschichte betont die Bedeutung solcher entscheidender Phasen, in denen das Volk Gottes auf die Probe gestellt wurde. Ijob symbolisiert für alle Zeiten die Menschen, die den Boden unter den Füßen zu verlieren scheinen: „Meinen Pfad hat Gott versperrt; ich kann nicht weiter. Finsternis legt er auf meine Wege. (...) Er brach mich ringsum nieder, ich muss dahin. Er riss mein Hoffen aus wie einen Baum (19,8–10)."

Das Volk Gottes tritt zweifellos in eine dieser entscheidenden Epochen ein. Georges Bernanos, der ein glühender Verehrer Thereses war, verkündete schon 1942: „Zu gegebener Zeit wird Gott seine Kirche in die Enge treiben, nachdem er sorgfältig alle Ausgänge nach links, nach rechts und nach hinten versperrt hat; und sie wird sich mit all ihrem Gewicht, mit dem ganzen Heroismus ihrer Heiligen gegen das Hindernis stemmen."⁴

Diesen heldenhaften Kampf hat Therese bereits ab 1896 in ihrem Karmel geführt, wie eine Galionsfigur, die einsam in die Nacht hinaus fährt, und hat prophetisch die Glaubensprüfung der Menschen des 20. Jahrhunderts vorausgesagt.

Manche Leute, denen der Gedanke an diese Prüfung Angst machte, neigten dazu sie herunterzuspielen oder den Blick von ihr abzuwenden. Abbé Youf, der Spiritual

---

4 Lettre aux Anglais, NRF 1946, S. 195

des Karmels und Beichtvater Thereses sagte schon zur Kranken: „Halten Sie sich damit nicht auf, das ist sehr gefährlich." (CJ 6.6.2). Wollte sie nicht selbst sehr zurückhaltend sein bei diesem Thema, da sie fürchtete, sie könnte ihre Schwestern verwirren?

Andere, die von Natur aus eher zum Tragischen neigten, haben diesen Fakten größere Bedeutung beigemessen und haben gar behauptet, Therese habe einen radikalen Atheismus gelebt und damit den atheistischen Existentialismus und die Gott-ist-tot-Propheten schon vorweggenommen.

Die abschwächenden oder verstärkenden Interpretationen gleichen sich in diesem Punkt: Sie lassen allzu leicht die unerlässliche Vorarbeit außer Acht. Gewisse aus dem Zusammenhang gerissene Sätze haben manchmal Verwirrung gestiftet oder haben folgenschwere Entstellungen begünstigt. Es bleibt aber die fundamentale Frage, die Menschen in großer spiritueller Not oft gestellt haben:[5] Was hat Therese wirklich durchgemacht? Kann man das wissen?

Das sind schwierige aber überaus wichtige Fragen, die man in aller Loyalität stellen muss, um nicht die Heilige von Lisieux sagen zu lassen, was man hören möchte. Dies ist eine Versuchung, die auf uns alle zukommt. Das sind heikle Fragen, denn wir befinden uns vor einer geheimnisvollen Wirklichkeit, vor einem ganz persönlichen Geheimnis, das niemals ganz ergründet werden kann. Die Geschichte einer Seele, die mit ihrem Gott im Gespräch steht, wird niemals geschrieben werden. Umso mehr als

---

[5] Ich selbst konnte es während des ganzen Jahres der Hundertjahrfeier feststellen.

(man möchte sagen: per definitionem) diese Prüfung, für diejenige, die sie durchlitten hat, unerklärlich war. Sagte sie doch: *Diese Seelenprüfung, die man nicht verstehen kann ...* (CJ 21/26.5.10) und an anderer Stelle: *Wie seltsam und unklar das doch ist!* (CJ 3.7.3)

Dennoch lohnt es sich, eine möglichst genaue Erforschung der Wahrheit durchzuführen, da wir das Glück haben, nicht nur umfangreiche vertrauliche Äußerungen zu besitzen, die die Kranke gegenüber ihrer Priorin Mutter Marie de Gonzague unter dem Datum vom 9. Juni 1897 gemacht hat (ein Auszug aus dem Manuskript C, hier abgedruckt auf S. 19ff.), sondern auch verschiedene Hinweise auf ihre innere Prüfung von April 1896 bis 30. September 1897 und schließlich noch die Äußerungen der Zeitgenossen. Es fehlt also nicht an Belegen.

Eine gewissenhafte Prüfung dieser Unterlagen ist dringend geboten. P. Emmanuel Renault unternimmt dies auf den folgenden Seiten. Seine Studien über Teresa von Avila haben ihn auf derartige Forschungsarbeiten vorbereitet.

Die Methode des Autors besteht darin, Therese in ihre konkrete Situation als Kranke zurück zu versetzen, ihr im Leben und im Kampf zuzuschauen, fein herauszufiltern, was sie über ihre Prüfung gesagt hat – nicht mehr und nicht weniger –, den Zeugen zuzuhören, deren Deutungen zu kritisieren, die Bedeutung der Glaubensnacht auf der Grundlage der Interpretation, die die Karmelitin selbst davon gegeben hat, herauszufinden.

Diese Rückkehr zu den Quellen schließt die abenteuerlichen Interpretationen und die Anachronismen aus, beabsichtigt aber nicht, jegliche Diskussion zu beenden. Sie eröffnet, ganz im Gegenteil, Perspektiven für weitere Forschungen,[6] umschreibt die Hypothesen und akzeptiert die Fragezeichen, die noch bleiben. P. Renault betrachtet schließlich die Glaubensprüfung als den höchsten Test *des Weges des Vertrauens und der Liebe*. Dieses letzte Kapitel erscheint uns als der Schlüssel zur Lektüre von Thereses Leben und Werk insgesamt, nicht nur weil jeder Tod „das Leben zur Bestimmung werden lässt"[7] – was für jeden Menschen gilt, – sondern weil im Falle Thereses von Lisieux Krankheit und Glaubensprüfung zusammen einen Menschen dazu gezwungen haben, bis an die Grenzen seiner Widerstandskraft zu gehen. Sie wusste, dass ihre Prüfung zeigen würde, *wie weit sie mit ihrem Vertrauen gehen kann* (CJ 22.9.3). Es war ein Kampf auf Leben und Tod – ein Kampf bis zum Sieg.

Um dieser etwas nüchternen Methode treu zu bleiben, hat sich P. Renault geweigert, weiter zu gehen. Ein letztes, „Die Zeitgemäßheit Thereses" überschriebenes Kapitel hätte die spirituellen, theologischen und pastoralen an die heutige Zeit angepassten „Anwendungen" zusammenfassen können. Der Autor hat dies nicht tun wollen, denn er ist der Meinung, dass zur Ehrfurcht vor dem Text auch die Ehrfurcht vor dem Leser gehört. Dieser muss sich die Mühe machen, durch eine nochmalige Lektüre in die geheimnisvolle Erfahrung, die Therese gemacht hat, einzudringen, um darin eine geschwisterliche Hilfe zu finden.

---

6 Dieses Buch verlangt nach einer gründlichen Studie über die Sehnsucht nach dem Himmel bei Therese.
7 Nach André Malraux in L'Espoir

Irgendwann und irgendwie steht jeder einmal in der Glaubensprüfung. Mögen diejenigen, die in der Nachfolge von Schwester Therese vom Kinde Jesus und vom Heiligen Antlitz bis ans Ende der Nacht vordringen – und vor allem jene ungläubigen Brüder, mit denen sie sich solidarisch fühlte – eine neue Morgenröte, die Morgenröte des Ostertages entdecken. „Die Glaubensprüfung ist eine österliche Prüfung."[8]

Guy Gaucher OCD

---

8 J. CORBON, Art. „épreuve" in Vocabulaire de Théologie Biblique, Cerf 1970, Sp. 377

Primärtexte

Es erscheint uns sinnvoll, hier Thereses Originaltexte, die über ihre Prüfung berichten, wiederzugeben. Es ist in der Tat unerlässlich, sie immer wieder aufmerksam zu lesen wegen ihrer Dichte und wegen der Lehren, die jeder daraus ziehen kann.[1]

---

1 Die Worte Thereses, die von Zeugen wiedergegeben wurden, haben natürlich nicht denselben kritischen Wert wie die Schriften der Heiligen selbst. Allerdings darf man die *Letzten Gespräche* nicht als unbedeutend ansehen. Bei diesen kann man die Kohärenz, die Ähnlichkeit der Formulierungen mit denen der autobiographischen Schriften, den Briefen, den Gedichten oder den Theaterstücken Thereses manchmal sogar ad pedem litterae feststellen. Siehe Itinéraire, S. 141ff. und Prozessakten, S. 149ff.

Manuskript B, 2r°

8. September 1896

(An meine liebe Schwester Marie du Sacré-Coeur)

O Jesus, mein Geliebter! wer vermöchte zu sagen, mit welcher Zärtlichkeit, welcher Milde, du meine *kleine Seele* führst! auf welche Art es dir gefällt, selbst auch noch mitten im düstersten Sturm deinen Gnadenstrahl leuchten zu lassen! ... Jesus, das Gewitter tobte gar heftig in meiner Seele seit dem schönen Fest deines Sieges, dem strahlenden Osterfest. An einem Samstag im Mai, dachte ich daran, dass manchmal gewissen Seelen geheimnisvolle Träume gewährt werden. Ich sagte mir, dies müsse ein schöner Trost sein; dennoch bat ich nicht darum. Am Abend, beim Anblick der Wolken, die den Himmel bedeckten, sagte sich meine *kleine Seele* nochmals, dass die schönen Träume nicht für sie gemacht seien, und dann schlief sie mitten im Gewittersturm ein ...

Manuskript B, 5r°

Der kleine Vogel möchte dieser strahlenden Sonne, die sein Auge entzückt, *entgegenfliegen*; er möchte es den Adlern, seinen Brüdern, gleichtun, die sich aufschwingen vor seinem Blick bis zur Wohnung Gottes ... Ach! alles, was er tun kann, ist, seine *kleinen* Flügel zu *heben*, aber aufzufliegen, das steht nicht in seiner *kleinen* Macht! Was soll aus ihm werden! Muss er vor Gram sterben, weil er erkennt, dass er so machtlos ist? ... O nein! der kleine Vogel wird deswegen nicht einmal traurig sein. Er will ausharren, den Blick fest auf seine Göttliche Sonne geheftet. Nichts kann ihn abschrecken, weder Wind noch Regen, und wenn düstere Wolken ihm das *Liebesgestirn* verbergen, so rührt sich der kleine Vogel nicht von der Stelle, er weiß ja, dass über den Wolken seine Sonne stets leuchtet, dass ihr Glanz keinen Augenblick schwächer wird. Freilich, manchmal wird das Herz des kleinen Vogels vom Sturm bedrängt; dann scheint ihm, er könne nicht glauben, dass es irgend etwas anderes gibt als die Wolken, die ihn einhüllen; das ist dann der Augenblick der *vollkommenen Freude* für das *arme, kleine, schwache Wesen*. Welche Freude für ihn, trotz allem dazubleiben, das Auge unverwandt auf das unsichtbare Licht gerichtet, das sich seinem Glauben entzieht!!! ...

Manuskript C, 4v°/7r°

Oh! wenn die Prüfung, die ich seit einem Jahr erdulde, offen zutage träte, wie würde man sich wundern! ...

Geliebte Mutter, Sie kennen sie, diese Prüfung; ich will Ihnen trotzdem noch einmal davon berichten, denn ich betrachte sie als eine große Gnade, die ich unter Ihrem gesegneten Priorat erhielt.

Voriges Jahr gewährte mir der liebe Gott den Trost, die Einschränkungen der Fastenzeit in ihrer ganzen Strenge einzuhalten; nie hatte ich mich so kräftig gefühlt, und diese Kraft hielt bis Ostern an. Am Karfreitag jedoch wollte Jesus mir die Hoffnung schenken, ihn bald im Himmel zu sehen... Oh! wie gern ich mich daran erinnere! ... Nachdem ich bis Mitternacht am Grabe geweilt hatte, kehrte ich in unsere Zelle zurück, doch kaum hatte ich meinen Kopf aufs Kissen gelegt, als ich fühlte, wie etwas einer Flut gleich aufstieg, kochend bis zu meinen Lippen. Ich wusste nicht, was es war, aber ich dachte, ich würde vielleicht sterben, und meine Seele war von Freude überströmt.... Da jedoch unsere Lampe ausgeblasen war, sagte ich mir, ich müsste den Morgen abwarten, um mich meines Glücks zu vergewissern, denn mir schien, ich hätte Blut gespien. Der Morgen ließ nicht lange auf sich warten; beim Erwachen dachte ich sofort, dass ich etwas Fröhliches zu erfahren hätte, und als ich ans Fenster trat, konnte ich feststellen, dass ich mich nicht getäuscht hatte ... Ach! meine Seele wurde von großem Trost erfüllt. Ich war im Innersten überzeugt, dass Jesus mich am Gedächtnistage seines Todes seinen ersten Ruf vernehmen lassen wollte. *Es war wie ein süßes und fernes Flüstern, das mir das Kommen des Bräutigams ankündigte ...*

Mit großem Eifer wohnte ich der Prim und dem Schuldkapitel bei. Ich hatte es eilig, an die Reihe zu kommen, um Ihnen, meine geliebte Mutter, bei der Bitte um Vergebung meine Hoffnung und mein Glück anzuvertrauen; ich fügte aber hinzu, dass ich keineswegs litte (was auch durchaus der Wahrheit entsprach), und bat Sie, meine Mutter, mir nichts Besonderes zu verordnen. Tatsächlich hatte ich den Trost, den Karfreitag, so zu verbringen, wie ich es wünschte. Nie hatte ich die Abtötungen des Karmel so angenehm empfunden. Ich war außer mir vor Jubel, weil ich hoffte, bald in den Himmel zu gehen. Als der Abend dieses glückseligen Tages kam, wurde es Zeit zur Ruhe zu gehen. Doch wie in der vorhergehenden Nacht gab mir der gute Jesus das gleiche Zeichen, dass mein Eintritt ins Ewige Leben nicht mehr fern sei ... Ich erfreute mich damals eines so lebendigen, so klaren Glaubens, dass der Gedanke an den Himmel mein ganzes Glück ausmachte, ich konnte nicht glauben, dass es Gottlose gäbe, die keinen Glauben haben. Ich meinte, sie sprächen gegen ihre bessere Erkenntnis, wenn sie die Existenz des Himmels leugneten, des schönen Himmels, wo Gott selbst ihr ewiger Lohn sein will. In den so fröhlichen Tagen der Osterzeit ließ Jesus mich fühlen, dass es tatsächlich Seelen gibt, die den Glauben nicht haben, die durch den Missbrauch der Gnaden diesen kostbaren Schatz verlieren, den Quell der einzig reinen und wahren Freuden. Er ließ zu, dass eine ganz tiefe Finsternis in meine Seele eindrang und der mir so süße Gedanke an den Himmel bloß noch ein Anlass zu Kampf und Qual war ... Diese Prüfung sollte nicht nur ein paar Tage, ein paar Wochen dauern, sie sollte erst zu der vom lieben Gott bestimmten Stunde enden, und ... diese Stunde ist noch nicht gekommen... Gerne möchte ich ausdrücken, was ich fühle, aber ach! es erscheint mir unmöglich. Man muss durch diesen dunklen Tunnel gereist sein, um zu wissen, wie finster er ist. Ich will aber versuchen, es mit einem Vergleich zu erklären.

Angenommen, ich bin in einem von dichtem Nebel überzogenen Land geboren, noch niemals habe ich den heiteren Anblick der Natur, überflutet, verklärt von strahlendem Sonnenschein, geschaut; seit meiner Kindheit höre ich zwar von diesen Wunderdingen, ich weiß, das Land, in dem ich weile, ist nicht meine Heimat, es gibt ein anderes, dem ich unaufhörlich zustreben soll. Keiner der Bewohner des trübseligen Landes, in dem ich weile, hat diese Geschichte erfunden, es ist die untrügliche Wirklichkeit, denn der König des Landes mit der strahlenden Sonne ist gekommen, um 33 Jahre im Land der Finsternis zu leben; ach! die Finsternis hat nicht begriffen, dass dieser Göttliche König das Licht der Welt ist ... Dein Kind aber, o Herr, hat es erkannt, dein göttliches Licht, es bittet dich um Verzeihung für seine Brüder, es ist bereit, das Brot der Schmerzen zu essen, solange du es willst, und es will von diesem mit Bitternis beladenen Tisch, an dem die armen Sünder essen, nicht aufstehen bis zu dem von dir bestimmten Tag ... Aber kann es nicht auch in seinem Namen, im Namen seiner Brüder, sprechen: *Hab Erbarmen mit uns, Herr, denn wir sind arme Sünder!* ... Oh! Herr, entlasse uns gerechtfertigt. ... Mögen doch alle, die von der hellen Fackel des Glaubens nicht erleuchtet werden, endlich ihren Lichtschein erblicken ... o Jesus, wenn es nötig ist, dass der von ihnen besudelte Tisch durch eine dich liebende Seele gereinigt werde, so will ich gern das Brot der Prüfung einsam essen, bis es dir gefällt, mich in dein Reich des Lichtes aufzunehmen. Die einzige Gnade, die ich von dir erbitte, ist, dich nie zu beleidigen! ...

Meine geliebte Mutter, meine kleine Geschichte ist zusammenhanglos. Sie glich einem Märchen und hat sich unversehens in ein Gebet verwandelt, ich kann mir nicht vorstellen, welches Interesse Sie daran finden können, all diese konfusen und schlecht ausgedrückten Gedanken zu lesen. Doch schließlich, meine Mutter, schreibe ich nicht, um ein literarisches Werk zu verfassen, sondern aus Gehorsam; wenn ich Sie langweile, so werden Sie wenigstens sehen, dass Ihr Kind guten Willen bewiesen hat. Ich will also, ohne mich entmutigen zu lassen, meinen kleinen Vergleich an dem Punkt fortsetzen, an dem ich stehen blieb. Ich sagte, die Gewissheit, einst weit von dem traurigen und finsteren Land weg zu ziehen, war mir von Kindheit an geschenkt worden; ich glaubte es nicht nur, weil ich es von Menschen hörte, die weiser waren als ich, sondern ich verspürte auch im Innersten meines Herzens die Sehnsucht nach einer schöneren Gegend. So wie das Genie des Christoph Columbus ihn die Existenz einer neuen Welt ahnen ließ, als noch niemand sonst daran dachte, so fühlte ich, dass eines Tages eine andere Erde mir als dauernde Wohnstätte dienen sollte. Doch plötzlich verdichten sich die Nebel um mich her, sie dringen in meine Seele ein und umhüllen sie derart, dass ich in ihr das liebliche Bild meiner Heimat nicht mehr wiederfinden kann, alles ist verschwunden! Suche ich Ruhe für mein durch all die Finsternis ringsum ermattetes Herz in der Erinnerung an das lichtvolle Land, nach dem ich mich sehne, so nimmt meine Qual zu; mir scheint, als spreche die Finsternis mit den Worten der Sünder und mache sich über mich lustig: „Du träumst von Licht, von einem von lieblichsten Wohlgerüchen durchströmten Land, du träumst vom *ewigem* Besitz des Schöpfers all dieser Wunderwerke, du wähnst, eines Tages den Nebeln, die dich umgeben, zu entrinnen! Nur zu, nur zu, freu dich über den Tod, der dir nicht das

Erhoffte geben wird, sondern eine noch tiefere Nacht, die Nacht des Nichts."

Geliebte Mutter, das Bild, das ich Ihnen zeichnen wollte von der Finsternis, die meine Seele verdunkelt, ist so unvollkommen wie eine mit dem Modell verglichene Skizze; doch ich will nicht weiter davon schreiben, ich fürchte, ich könnte lästern ... ja, ich habe Angst, schon zu viel gesagt zu haben ...

Ach! Jesus möge mir verzeihen, falls ich ihm Kummer bereitet habe, aber er weiß ja, wenn ich auch nicht die *Freude des Glaubens* habe, so bemühe ich mich doch wenigstens, dessen Werke zu tun. Ich glaube, seit einem Jahr habe ich mehr Glaubensakte erweckt als in meinem ganzen Leben. Bei jeder neuen Gelegenheit zum Kampf, wenn mein Feind mich herausfordert, zeige ich mich tapfer; da ich weiß, dass es feige ist, sich im Duell zu schlagen, kehre ich meinem Gegner den Rücken, ohne ihn eines Blickes zu würdigen; aber ich eile zu meinem Jesus und sage ihm, ich sei bereit, bis zum letzten Blutstropfen dafür Zeugnis abzulegen, dass es einen *Himmel* gibt. Ich sage ihm, ich sei froh, diesen schönen Himmel nicht auf Erden zu genießen, damit er ihn den armen Ungläubigen für die Ewigkeit öffne. So kann ich, obwohl mir diese Prüfung *keinen irdischen Genuss* lässt, doch ausrufen: *„Herr, du überschüttest mich mit FREUDE durch ALLES, was du tust"* (Ps. XCII). Denn gibt es eine größere Freude, als um deiner Liebe willen zu leiden? ... Je innerlicher das Leiden ist, je weniger es vor den Augen der Geschöpfe in Erscheinung tritt, umso mehr Freude hast du daran, o mein Gott! Aber selbst wenn du, was ja unmöglich ist, von meinem Leiden nichts wüsstest, so wäre ich auch dann noch glücklich zu leiden, wenn ich dadurch ein einziges Vergehen gegen den Glauben verhindern oder wiedergutmachen könnte. ...

Meine geliebte Mutter, vielleicht scheint es Ihnen, dass ich meine Prüfung übertreibe; in der Tat, wenn Sie nach den Gefühlen urteilen, die ich in den kleinen Gedichten ausdrücke, die ich in diesem Jahr verfasst habe, so muss ich Ihnen als eine mit Tröstungen erfüllte Seele vorkommen, für die der Schleier des Glaubens beinahe schon zerriss, und dabei ... ist dies für mich kein Schleier mehr, es ist eine bis zum Himmel ragende Mauer, die das gestirnte Firmament verdeckt. ... Wenn ich das Glück des Himmels, den ewigen Besitz Gottes, besinge, so empfinde ich dabei keinerlei Freude, denn ich besinge einfach, was *ICH GLAUBEN WILL*. Manchmal freilich erhellt ein ganz kleiner Sonnenstrahl meine Finsternis, dann hört die Prüfung für einen Augenblick auf, aber nachträglich lässt die Erinnerung an diesen Lichtstrahl, statt mir Freude zu bereiten, meine Finsternis nur noch dichter werden.

O meine Mutter, niemals habe ich so tief empfunden, wie mild und barmherzig der Herr ist; er hat mir diese Prüfung erst geschickt, als ich die Kraft besaß, sie auszuhalten; früher, glaube ich, hätte sie mich wohl zutiefst entmutigt. ... Jetzt nimmt sie alles hinweg, was meinem Verlangen nach dem Himmel an natürlicher Befriedigung noch anhaften könnte. ... Geliebte Mutter, es kommt mir vor, als hindere mich jetzt nichts mehr daran fortzufliegen, denn ich habe keine großen Wünsche mehr außer dem einen: zu lieben, bis ich vor Liebe sterbe ... (9. Juni).

Manuskript C, 11r°

Geliebte Mutter, Sie sind der Kompass, den mir Jesus gab, um mich sicher ans ewige Ufer zu führen. Wie angenehm empfinde ich es, meinen Blick auf Sie zu richten und dann den Willen des Herrn zu erfüllen! Seitdem er zugelassen hat, dass ich Anfechtungen gegen den *Glauben* erdulde, hat er in meinem Herzen den *Geist des Glaubens* stark vermehrt, der mich in Ihnen nicht nur eine Mutter sehen lässt, die mich liebt, und die ich liebe, sondern vor allem Jesus, der in Ihrer Seele lebt und mir durch Sie seinen Willen kundtut.

Manuskript C, 31r°

Oh! der Herr ist so gut zu mir, dass ich ihn unmöglich fürchten kann, stets gab er mir, was ich wünschte, oder er ließ mich vielmehr wünschen, was er mir geben wollte. So sagte ich mir kurze Zeit vor meiner Anfechtung gegen den Glauben: Wahrhaftig, ich habe keine großen äußeren Prüfungen, und damit ich innere hätte, müsste der liebe Gott meinen Weg ändern, ich glaube nicht, dass er es tun wird, dennoch kann ich nicht immer in solcher Ruhe leben ... was für ein Mittel wird Jesus wohl finden, um mich zu prüfen? Die Antwort ließ nicht auf sich warten und zeigte mir, dass es ihm, den ich liebe, nicht an Mitteln fehlt; ohne meinen Weg zu ändern, schickte er mir die Prüfung, die all meinen Freuden eine heilsame Bitterkeit beimengen sollte.

Einleitung

Manche Christen verlieren den Glauben so, wie man einen Gegenstand verliert oder, genauer gesagt, sie bemerken eines schönen Tages, dass er verschwunden ist wie der Lack einer dem Wetter ausgesetzten Tür.

Für einen überzeugten Christen aber ist seine Glaubensprüfung stets eine schreckliche Erfahrung. Dabei werden nämlich nicht irgendwelche Meinungen in Frage gestellt, es geht hier nicht um fromme Erinnerungen oder Gefühle, auch nicht um ein einfaches Gedankensystem, um einen Moralkodex; nein, hier ist das Innerste des Menschen erfasst. In der Tat bewirkt beim Christen die echte Anhänglichkeit an Christus eine Art Wandlung der Werte, eine echte „Verlagerung des Lebensschwerpunktes[1]."

Der Blick aus dem Glauben bietet dem Christen eine neue Sicht der Welt, eine Hierarchie der Werte, die alle Kräfte seines Wesens im Hinblick auf das gegenwärtige und zukünftige Königreich ordnet. Der lebende und auferstandene Christus ist für ihn zum Sinn des Seins, des Lebens, des Dienens und Leidens, des Hoffens und Liebens geworden. Daher erlebt er die Prüfung, die er durchmacht, als eine Infragestellung des Lebens, als eine Todesdrohung. Es befällt ihn ein Schwindelgefühl, es schwindelt ihm vor dem Nichts. Das Gleichgewicht seines Wesens insgesamt ist bedroht. Natürlich wird dies in verschiedenem Maße empfunden, je nach der Tiefe des Glaubens des Einzelnen

---

[1] Kardinal GARRONE, Leçons sur la foi, Apostolat de la Prière, Toulouse 1955, S. 66

und nach der Intensität der Prüfung. Je tiefer er in Christus verwurzelt ist, umso mehr erschüttert das Wühlen des Zweifels sein Wesen in seinen Grundfesten und bewirkt Angst, Verwirrung, innere und äußere Zerrüttung.

Diese Überlegungen erlauben uns, die Schwere der Prüfung zu ermessen, die Therese durchlebte, deren ganzes Leben ab ihrem dritten Lebensjahr ganz und gar von der „Sehnsucht nach dem Himmel" bestimmt war. Sie musste einen echten Kampf führen, um das zu retten, woran ihr am meisten auf der Welt gelegen war und was die Seele ihrer Seele war. Sie musste in der Tat einen doppelten Kampf führen, denn sie wurde gleichzeitig an zwei Fronten vom Tod bedrängt, nämlich vom physischen Tod, der unerbittlich den Körper einer vierundzwanzigjährigen Frau zerstörte, und vom geistigen Tod, der das Leben ihrer Seele bedrohte.

Will man sich die Intensität und das Ausmaß der Glaubensprüfung, die Therese durchmachte, vergegenwärtigen, muss man sie im Zusammenhang sehen mit der Krankheit, die sie verzehrte. Wir skizzieren also kurz diese konkrete Situation, bevor wir ihre *Finsternis* beschreiben und untersuchen. Wir betrachten dann die verschiedenen Aspekte ihres *Kampfes*, um dessen Sinn herauszustellen. Wir stellen abschließend dann fest, dass der tiefe Grund dieser Prüfung darin bestand, den *kleinen Weg* einem echten Test zu unterziehen.

I DIE PRÜFUNG DURCH DIE KRANKHEIT

Wenn die Leiden des Herzens und des Geistes eine bestimmte Intensität erreichen, stellen sie für einen gesunden Menschen einen bedeutsamen Augenblick im Lebensablauf dar. Das Gleichgewicht des Menschen und seine künftige Orientierung hängen von der Art und Weise ab, wie er diese Linie überschreitet. Um über diese Passhöhe glücklich hinwegzukommen, muss er all seine geistigen Kräfte mobilisieren und großen Mut aufbringen. Aber alle Energie und Selbstbeherrschung, die er aufbringt, können nicht ausschließen, dass er gegenüber den tausend kleinen Widerwärtigkeiten des täglichen Lebens immer empfindlicher wird. Wie schwer ist es dann erst, wenn zu diesen moralischen und geistigen Leiden noch starke körperliche Qualen hinzukommen! Dies war bei Therese von Lisieux der Fall. Die Häufung der Qualen führt die Widerstandskraft eines jeden Menschen zu einer Bruchstelle, wo er nahe dabei ist, alles aufzugeben: zu Resignation, Verzweiflung oder Aufbegehren. In diese konkrete Situation wurde Therese hineingestellt.

Die körperlichen Leiden

Weder Therese selbst noch ihre Umgebung wussten, dass sie bereits stark an Tuberkulose litt, als die Krankheit sich in der Nacht vom 2. auf den 3. April 1896 durch einen ersten Bluthusten-Anfall äußerte. Fast zur gleichen Zeit, zwei oder drei Tage danach, begannen die seelischen

Qualen mit Glaubenszweifeln. Die Nacht der Zweifel und die *finstere Wohnung* (CV 30.8.3) des körperlichen Leidens, diese beiden Nächte, begleiteten sie gemeinsam bis zu ihrem Tod, um dann dem *Leben* Platz zu machen.

Dr. Cornière, der Arzt der Klostergemeinschaft, hat zunächst bei Therese den Ernst der Krankheit nicht erkannt, ebenso wenig Mutter Marie de Gonzague, die Priorin. Man weiß, dass die Heilige nicht gewohnt war, sich zu beklagen. Mit heldenhaftem Mut befolgte sie weiterhin über Monate die strenge Regel des Karmel, erfüllte ihre Aufgaben, führte auch noch schwere Arbeiten aus, als sich ihr Zustand von Woche zu Woche verschlimmerte: Blutauswurf, Fieber, Husten, sie wurde immer schwächer, die Wahrheit war schließlich stärker als all ihr Mut. Nach und nach musste sie sich dazu entschließen, das Vorbeten im Chor während des Gottesdienstes aufzugeben, ebenso die Teilnahme an den gemeinsamen Mahlzeiten im Refektorium und an den Freizeiten. Anfang Juli 1897 wurde sie bettlägerig. Die damals zur Verfügung stehenden Medikamente waren kaum wirksam: Zugpflaster, Ignipunktur, Mittel gegen den Husten, der sie ständig quälte. Am 8. Juli bringt man sie in die Krankenzelle. Die Tuberkulose schreitet immer schneller fort. Der rechte Lungenflügel ist nun ganz befallen. Zu Fieber, Husten, Bluthusten, Erbrechen und Dekubitus kommen jetzt rechtsseitig noch heftige Schmerzen hinzu, und es quält sie die Angst bei den Erstickungsanfällen, die durch Ätherinhalationen meist nicht gelindert werden können. Sie spricht kurzatmig und kann nicht einmal mehr einen Bleistift halten. Nach einer kurzen Besserungsphase – August 1897 – beginnt das *große Leiden* von neuem. Jetzt ist auch der linke Lungenflügel befallen. Der Husten und die Erstickungsanfälle werden stärker. Die Umgebung der Patientin ist bestürzt wegen der Qualen, die sie durchsteht. Doch verstärken sich diese noch beim Übergreifen der Gangrän auf den Darm. Therese möchte *aufschreien* vor Schmerz und kann ein Stöhnen nicht mehr unterdrücken. Nichts bringt ihr Linderung. Von Zeit zu Zeit verabreicht man ihr einen Löffel Morphinsirup, man macht ihr aber keinerlei Injektion, da die Priorin dagegen ist. Siebzehn Monate nach dem Ausbruch der Krankheit, und nach 37 Stunden Todeskampf stirbt sie schließlich den Erstickungstod am 30. September 1897, kurz nach 19.00 Uhr, um 19.20 Uhr genau.

Auch wenn Therese außergewöhnliche Geduld und Mut an den Tag gelegt hat, so hat sie sich doch nicht hinter der Maske einer Stoikerin versteckt. In aller Schlichtheit gestand sie, was sie empfand: *Was das Leiden des Körpers betrifft, bin ich wie ein kleines Kind, ganz klein. Ich kann keinen Gedanken fassen, ich leide von einer Minute zur anderen* (CJ 26.8.3). Wenn man ihre Zurückhaltung und die bei ihr gewohnte Selbstbeherrschung berücksichtigt, dann kann man die Intensität ihrer Schmerzen aus ihren wenigen vertraulichen Bemerkungen herauslesen: *Ich hätte nie gedacht, dass ich so viel leiden kann* (CJ 23.8.1). *Man muss es erleben, um zu wissen, was das ist!* ... (CJ 25.9.2) Sie glaubt sich *zermalmt vom Leiden* (vgl. CJ 10.8.5). *Ah, wenn ihr doch nur wüsstet!* (CJ 29.9.9).

Schwester Maria von der Dreifaltigkeit berichtet: „Drei Tage vor ihrem Tod sah ich sie derart leiden, dass es mir das Herz zerbrach. Ich näherte mich ihrem Bett, sie gab sich Mühe, mir zuzulächeln, und sagte zu mir mit zeitweilig erstickter Stimme: *Ah! Wenn ich nicht den Glauben hätte, könnte ich niemals so viele Schmerzen ertragen. Es wundert mich, dass nicht mehr Gottlose ihrem Leben ein Ende setzen* (PO, 1096r°, p. 472).

Geistige Qualen

Es ist allgemein bekannt, dass die ohnehin geschwächten Schwerkranken schon durch kleine Unannehmlichkeiten übermäßig gequält werden und dass sogar unbedeutende Dinge, die im Normalfall unbemerkt bleiben würden, als schmerzhaft oder unerträglich empfunden werden. Therese litt unter dem Lärm und dem Kommen und Gehen der Schwestern in ihrer Nähe. Sogar das Atmen einer anderen Person störte sie. Seit ihrer *Bekehrung* hatte sie kaum noch geweint; doch jetzt bricht sie nach irgendeinem Vorfall oder einer kleinen Unannehmlichkeit leicht in Tränen aus (vgl. CJ 3.7.4).

Während dieser Zeit der körperlichen Gebrechlichkeit erklären sich die geistigen Qualen Thereses in der Tat vor allem aus ihrer Empfindsamkeit, die durch die Sorge um die anderen verfeinert worden war, und aus ihrer Warmherzigkeit.

Zuerst fürchtete sie, ihren Mitschwestern zur Last zu fallen, da sie ja nun nutzlos geworden war. Sie war tatsächlich dringend auf Pflege angewiesen, auf verschiedenartige Hilfen und auch auf *teure Medikamente* (CJ 21/26.5.4). Sie musste auf die *Hl. Kommunion und auf den Gottesdienst* verzichten (CJ 12.6.1), sie war aber fast ebenso sehr darüber betrübt, dass man sie lange nicht für krank hielt. Gewisse Bemerkungen bereiteten ihr Schmerz (vgl. CJ 29.6.3), umso mehr als sie sich doch niemals verstellen wollte.

Sie litt selbst bis ans Ende an einer quälenden Ungewissheit über den Ausgang ihrer Krankheit. Bald freute sie sich auf den Tod, der ihr nahe schien, bald beklagte sie sich darüber, dass der *Kuchen* außer Reichweite geriet (CJ 21/26.5.2). Die vorübergehenden Besserungsphasen ließen sie sogar glauben, sie täusche sich über den Ernst ihres Krankheitszustandes und täusche auch die anderen (vgl. CJ 10.7.13).

Sie machte sich auch Gedanken über die Unannehmlichkeiten, die sie wegen ihres Bluthustens ihren Schwestern bereitete. Die Taktlosigkeiten einiger Schwestern, die sie kritisierten und deren Bemerkungen ihr zugetragen worden waren, schmerzten sie ein wenig. Das eifersüchtige, autoritäre und launische Wesen der Mutter Marie de Gonzague dürfte sie ebenfalls bedrückt haben. Hat sie gegen Ende ihres Leidensweges gar gefürchtet, den Verstand zu verlieren? (Vgl. CJ 19.8.1). Zu erwähnen sind auch die Demütigungen, die sie infolge ihrer zunehmenden Schwäche und der gestörten Darmfunktion zu erdulden hatte.

Schließlich plagten sie noch verschiedene Versuchungen. Die Versuchung des Verlangens nach feinem Essen: sie, *die niemals auf das, was man so aß, erpicht war*, verspürte plötzlich Lust auf Gerichte, die als höchst ausgefallen für eine Karmelitin angesehen wurden, nämlich *Hühnchen, Kotelett, Reis mit Sauerampfer, Thunfisch!* ... (CJ 12.8.5).

Die Versuchung der Mutlosigkeit: *Wie leicht verliert man doch den Mut, wenn man schwer krank ist!* ... (CJ 4.8.4). Die Versuchung der Verzweiflung ging bis zu Selbstmordvorstellungen. Mutter Agnès bezeugte es: „Sie bittet darum, dass man ihre für den äußerlichen Gebrauch bestimmten giftigen Medikamente außer Reichweite stellt und gibt den Rat, niemals derartiges in der Nähe von Kranken zu lassen, die dieselben Qualen erdulden, immer aus dem Grunde, dass *man den Verstand verlieren könnte* und dass man, da man ja nicht mehr wisse, was man tut, sich durchaus das Leben nehmen könnte. Dass sie übrigens keinen Augenblick gezögert hätte, sich das Leben zu nehmen, wenn sie nicht gläubig gewesen wäre" (CV, I, in CG II, S. 1192).

Sie erkannte in diesen Anfechtungen ein heimtückisches Wirken des Teufels. *Der Teufel schleicht um mich herum, ich sehe ihn nicht, aber ich spüre ihn* ... (CJ 16.8). Vor allem während ihres Todeskampfes erreichte die Versuchung der Verzweiflung ihren Höhepunkt. Die Heilige sagte es nicht ausdrücklich, ihr Wehklagen offenbarte jedoch ihren Schwestern die Härte ihres letzten Kampfes. Und dies so deutlich, dass Mutter Agnès und Schwester Maria vom Heiligsten Herzen Jesu „ihr die Gnade, nicht zu verzweifeln," erflehten (DE I, S. 145, Anm. 103).[2]

Um diese kurze Darstellung der körperlichen und geistigen Leiden Thereses zu vervollständigen, sei noch an eine allgemein bekannte Tatsache erinnert.

Die Intensität des Schmerzes, den man empfindet, ist nicht proportional der Schwere des Leidens, das man zu ertragen hat. Man darf Leiden nicht mit Schmerz ver-

---

[2] Vgl. auch Guy GAUCHER, La Passion de Thérèse de Lisieux, Cerf-DDB 1972, S. 113, Anm. 1

wechseln. Dieser entsteht aus einem Leiden, das man erkannt hat und als solches empfindet, sei es bei sich selbst, sei es bei anderen. Fortan variiert das Ausmaß des Schmerzes von einem Individuum zum anderen, je nach der Fähigkeit des Menschen, das Leiden, das ihn betroffen hat, zu empfinden, zu beurteilen, zu untersuchen und sogar vorherzusehen. Bei zwei Kranken, die von ähnlichen Leiden betroffen sind, leidet derjenige am meisten, dessen Empfindungsvermögen, Herzensgüte und Erkenntniskraft am besten entwickelt sind. Die Leidensfähigkeit eines Menschen ergibt sich aus seinem Empfindungsvermögen, das durch die Erziehung, die Lebensweise, die Bildung, die geistige Flexibilität, die Erregbarkeit des Gemütes, die Hinwendung zu den Mitmenschen und die Gnadengaben mehr oder weniger ausgeprägt ist. Die überaus große Feinfühligkeit Thereses lässt uns ein wenig ermessen, wie sehr sie litt. Sie hat sich mit *einem über den Webstuhl des Leidens gespannten Stoff* verglichen (CJ 13.6). Neben dieser übergroßen Spannung in ihrem Körper, die Dr. La Néele als ein „Martyrium" bezeichnete, durchlitt sie in ihrer Seele ein weiteres Martyrium, die Glaubensprüfung.

II DIE GLAUBENSPRÜFUNG

Wie merkwürdig und unergründlich das doch ist!
(CJ 3.7.3)

Dieser Ausspruch der Heiligen weist uns von vornherein darauf hin, dass man nicht behaupten kann, man verstehe vollkommen die Art und die verschiedenen Formen der Glaubensprüfung einer Seele. Selbst für die Seele bleibt das ein Geheimnis.

Das Glaubensleben ist eine einfache und zugleich vielschichtige Realität. Einfach in seiner Hinwendung zu Gott. Vielschichtig aufgrund seiner Bestandteile: die innere und die äußere Welt der Person. Wenn die Versuchung des Zweifels in einer Seele aufkommt, wird der Glaube an seiner Wurzel angepackt, und diese radikale Infragestellung erschüttert das ganze Leben umso stärker, je weiter der Baum des Glaubens seine Wurzeln und Zweige im Laufe seines Lebens entwickelt hat. Da diese Versuchungen den Bewegungen des Lebens folgen, ist es nicht erstaunlich, dass sie sich ohne logische Ordnung zu entwickeln scheinen. So entsteht der Eindruck der Zusammenhanglosigkeit und für diejenigen, die darunter leiden, ist es schwierig, ihre Empfindungen zu verstehen und zu erklären. *Eine Prüfung der Seele, die unmöglich zu verstehen ist*, sagt Therese (CJ 21/26.5.10).

Mit Behutsamkeit und Bedacht werden wir daher versuchen, den persönlichen Kampf, den die Heilige durchgestanden hat, zu beschreiben und dann zu deuten.

Die Finsternis

In ihrem Mutter Marie de Gonzague zugeeigneten Manuskript C, das drei Monate vor ihrem Tod abgefasst wurde, gebraucht Therese einen Vergleich, mit dem sie ihren Zustand erklären will: *Ich vermute, dass ich in einem in dichten Nebel eingehüllten Land geboren wurde, niemals durfte ich die heitere Seite der Natur schauen* (Ms C, 5 v°).

Das ist, in einfachen Worten ausgedrückt, eine solide theologische Lehre. Der Glaube an sich ist schon eine Nacht für die Vernunft, die die Existenz göttlicher Gegebenheiten nicht erkennen kann. Diese *wunderbaren Dinge*, von denen man gehört hat, sind *keine erfundene Geschichte*, sondern *eine gesicherte Wirklichkeit, denn der König des Landes der strahlenden Sonne ist herabgekommen, um 33 Jahre im Lande der Finsternis zu leben* (a.a.O.). So wird die zum Glauben gehörende Dunkelheit für die Seele erhellt durch eine Gewissheit, die mit einer *leuchtenden Fackel* vergleichbar ist (a.a.O., 6r°). Der heilige Petrus sprach von einem „Licht, das an einem finsteren Ort scheint" (2 P 1,19). Die Prüfung besteht also darin, dass aus dieser Glaubensnacht eine stockfinstere Nacht wird. Die Versuchungen gegen den Glauben bringen es fertig, die kleine Flamme zu verhüllen und ihren Schein durch den dichten Schleier der Zweifel zu verdunkeln. *Aber plötzlich wird der Nebel, der mich umgibt, dichter, er dringt in meine Seele ein und umhüllt sie,* erklärt Therese (Ms C, 6v°).

In einem Brief an Schwester Marie du Sacré-Coeur hatte die Heilige unter Anspielung auf dasselbe Phänomen sich verglichen *mit einem kleinen Vogel, der in einen*

Sturm geraten ist. Er glaubt nicht, so scheint es, dass es außer den Wolken, die ihn umgeben, noch etwas anderes gibt, aber er weiß, dass über den Wolken seine Sonne immer noch scheint (Ms B, 5r°).

Der Glaube ist immer noch da, aber sein unsichtbarer Schein (a.a.O.) wird von der Seele nicht mehr wahrgenommen, da sie keine Freude mehr daran hat (Ms C, 7r°). Sie hat den Eindruck, in eine tiefere Nacht,[3] eine andere Nacht, hineingegangen zu sein.

Es ist auffallend, wie deutlich die Heilige die Intensität dieser neuen Dunkelheit herausstellt. Sie spricht von *tiefer Finsternis*, von einem *dunklen Tunnel* (Ms C, 5v°). Es handelt sich nicht mehr um *einen Schleier*, sondern um *eine Mauer, die bis zum Himmel reicht* (a.a.O., 7v°).

In den Äußerungen, die ihre Schwestern während ihrer Krankheit gesammelt hatten, finden wir denselben charakteristischen Zug. *Der Himmel ist derart schwarz, dass ich keine*

---

[3] Diese Nacht will ich „Nacht der Zweifel" nennen. Ich ziehe diesen Ausdruck dem hier von Mgr Combes gebrauchten Ausdruck „Nacht des Glaubens" vor. Vgl. „Marie pour sainte Thérèse de Lisieux" in Theresiana, Vrin 1970, S. 394. Man muss in der Tat beachten, dass, wenn Therese von der Nacht des Glaubens spricht, sie dies im traditionellen und strengen Sinn tut. Dabei werden die charakteristischen Merkmale der Dunkelheit des Glaubenslebens betont und die Versuchungen gegen den Glauben außer acht gelassen (Ms C, 11r° und CJ 6.6.2). In einem Maria gewidmeten Gedicht stellt sie mit Freuden fest, dass auch die Muttergottes diese allen Christen vertraute Alltagssituation in ihrem Leben mit ihrem Sohn gekannt hat: *Mutter, dieser Sohn voll Güte möchte, dass du für die Seele, die ihn in der Nacht des Glaubens sucht, Vorbild seiest* (PN 54, Str. 15). In demselben Sinn vgl. CJ 11.7.1 und die Parallelen in DE II, S. 131. Vgl. ebenso in CJ 4.6.1 und 11.8.5 Thereses gewohnte Einstellung, wie sie z. B. in ihrem Gedicht *Jesus, mein Vielgeliebter, erinnere dich!* vom 21.10.1895 zum Ausdruck kommt: *Im Dunkel des Glaubens liebe ich dich und bete dich an (...) Dass mein Verlangen nicht ist / dich hienieden zu schauen / Erinnere dich ...* (PN 24, Str. 27).

Aufhellung sehe (CJ 27.5.6). Sie spricht von einem *schwarzen Loch, in dem man nichts mehr erkennt (...). Ach! ja, welch eine Dunkelheit!* (CJ 28.8.3). Die Gedichte, die sie von April 1896 bis zum 9. Juni 1897 verfasste, sprechen ganz klar, wenn auch in dichterischer Form, von dieser Dunkelheit.[4]

Das ununterbrochene Andauern dieser Nacht wird durch die folgende Äußerung bezeugt: *Diese Prüfung sollte nicht nur einige Tage, einige Wochen dauern, sie sollte erst in der vom lieben Gott bestimmten Stunde enden, und ... diese Stunde ist noch nicht gekommen ...* (Ms C, 5v°). Juni 1897. Die Äußerungen, die uns in den *Letzten Gesprächen* vorliegen, zeigen uns, dass sie diese bis zu ihrem letzten Atemzug durchmacht. Dennoch vermerkt Therese: *Manchmal erhellt tatsächlich ein ganz kleiner Sonnenstrahl meine Finsternis, dann wird die Prüfung für einen Augenblick unterbrochen.* (Ms C, 7v°), um im nächsten Augenblick umso stärker weiterzugehen.

Diese Ruhephasen ergeben sich aus dem vorübergehenden Aussetzen der Tyrannei der Zweifel, *das ist wie eine Unterbrechung* (CJ 9.6.3); oder aus der plötzlichen Wahrnehmung der innigen Liebe Gottes. So etwa im Garten die zufällige Begegnung mit einer Henne, die ihre Küken unter ihren Fittichen schützt (vgl. CJ 7.6.1) oder ein Traum, in dem ihr Mutter Anna von Jesus die Bedeutung ihres kleinen Weges bestätigt (vgl. Ms B, 2r°/v°) oder die fürsorgliche Pflege, die sie erfährt. Das ist *ein Lichtstrahl inmitten meiner Finsternis ...* (CJ 22.7.1). Gelegentlich erlebt sie sogar Augenblicke der Freude: wenn sie zur Muttergottes betet (vgl. CJ

---

[4] Vgl. Guy GAUCHER, „La Passion de Thérèse ou l'épreuve de la foi" in Thérèse de Lisieux, Conférences du Centenaire 1873–1973, S. 53–82.

1.5.2), wenn sie ihre Statue betrachtet (vgl. DE I, S. 455), oder wenn sie aus der Ferne Musik hört (vgl. CJ 13.7.17).

Man muss feststellen, dass diese kurzen Tröstungen ihr nicht die innere Ruhe zurückgeben, die sie gewöhnt war. Sie vergießt Tränen der Dankbarkeit über einen Strauß Feldblumen, den ihr eine Schwester anlässlich des Jahrestages ihrer Profess mitbrachte, und sagt: *Das sind Zeichen der Zuneigung des lieben Gottes mir gegenüber; äußerlich bin ich überglücklich darüber, aber innerlich mache ich immer noch die Prüfung durch. ...* (CJ 8.9).

Und noch eine Feststellung: Wenn diese Prüfung im Grunde ohne Unterbrechung andauerte, so gab es doch verschiedene Abstufungen der Intensität. Es scheint, dass sie sich allmählich verstärkte, um von Zeit zu Zeit einen Höhepunkt zu erreichen. *Ich bewundere den sichtbaren Himmel, der andere schließt sich immer mehr vor mir* (CJ 8.8.2). Es sind vor allem zwei bedeutende Augenblicke festzuhalten. Die Nacht vom 15. zum 16. August, in der Schwester Geneviève eine geweihte Kerze anzündete (vgl. DE/G 16.8), und die letzten Stunden im Leben der Heiligen, in denen ihre eigenen Schwestern, tief beeindruckt, fürchteten, die Kranke könnte ihren Versuchungen erliegen, und ausdrücklich deshalb für sie beteten. *Das ist der echte Todeskampf, ohne jegliche Beimischung einer Tröstung* (CJ 30.9).

Man kann sich vorstellen, dass Therese zunächst Erstaunen, Überraschung empfand. Sie war nicht darauf gefasst, das war *plötzlich* da (Ms C 6v°). Für sie und die Anderen war das etwas Ungewöhnliches, etwas Unbegreifliches, ein Gefühl des Alleinseins: *der liebe Gott allein kann mich verstehen* (CJ 11.7.1). Ein Gefühl der Verzagtheit: *Oh, wie sehr spüre ich doch, dass ich verzagen würde, wenn ich nicht den Glauben hätte!* (CJ 4.8.4); ein Gefühl der Angst (vgl. CJ 20.8.10). Sie sitzt an einem *Tisch voller Bitterkeit,* sie isst *das Brot des Schmerzes* und erleidet eine unsagbare innere Qual (vgl. Ms C, 6r°).

Die Versuchungen durch die Zweifel

Wenn wir nun versuchen, sie über die genaue Art ihrer *Seelenprüfung* (CJ 21/26.5.10) zu befragen, hören wir sie antworten, dass diese hauptsächlich in *Gedanken* des Zweifelns gegen den Glauben besteht (CJ 10.8.7). Gewiss muss man jene *törichten* Gedanken (CJ 4.6.3) einschließen, die sie nicht näher erläutert hat.

Obwohl sich Therese sehr zurückhielt, liefert sie uns doch einige Beispiele dieser aus der Finsternis hervorgegangenen Gedanken: *Du träumst vom Licht, von einem in den süßesten Düften liegenden Land, du träumst vom ewigen Besitz des Schöpfers all dieser wunderbaren Dinge, du glaubst, eines Tages aus dem Nebel, der dich umgibt, herauszutreten! Schreite voran, schreite voran, freu dich auf den Tod, der dir nicht das gibt, was du erhoffst, sondern eine noch tiefere Nacht, die Nacht des Nichts* (Ms C, 6v°). Deutlicher wurde Therese wahrscheinlich gegenüber ihrem Beichtvater, Abbé Youf, der ihr antwortete: „Halten Sie sich damit nicht auf, das ist sehr gefährlich" (CJ 6.6.2).

Man kann eine Seele nicht mit einer anderen vergleichen, vor allem nicht auf diesem Gebiet des Glaubens, auf dem jeder auf seinen ureigenen Wegen Gott entgegengeht. Die Punkte, bei denen die Stimme der *Finsternis* dem Zweifel Raum gibt, sind gewiss diejenigen, die Therese am meisten am Herzen lagen, in die sie sich sozusagen ganz vertieft hatte. Andernfalls hätte der Verdacht des Zweifels bei ihr nicht aufkommen können. Es wäre interessant nachzuprüfen, inwieweit die hier nur kurz anklingenden Themen mit den Dingen, die für Therese besonders wichtig waren, in Zusammenhang stehen: das *Licht*, die *Heimat*, die *Düfte*, das ewige Glück, Gott zu besitzen, die Schöpfung und ihre Wunder, das irdische *Exil* und seine Trübsal.[5]

Schreite voran, schreite voran, flüstert ihr die Stimme zu. Die ganze theresianische Dynamik des Lebens, das als ein Gehen, ja als ein *Laufen* Gott entgegen verstanden wurde, wird hier mit Zynismus wieder aufgenommen in Form einer Aufforderung zur Freude, zur schlechten Freude eines hochmütigen Herzens, das nichts erhoffen, sondern sich am Nichts berauschen will: *freu dich auf den Tod, der dir nicht das gibt, was du erhoffst, sondern eine noch tiefere Nacht, die Nacht des Nichts*. In diesem teuflischen Rat muss man auch eine Parodie auf die Wesensart Thereses sehen, die es verstand, ihre Niederlagen, ihre Enttäuschungen und ihr Leid durch das demütige und freudige Annehmen des göttlichen Willens in Siege zu verwandeln. Im Grunde bestand die Speerspitze der Versuchung darin, das Fundament des *kleinen Weges* zu zerstören durch die Leugnung des bedingungslosen Vertrauens, von dem er ausgeht. Therese hat dies erfasst, indem sie bemerkte, dass diese verfluchte *Stimme* sich über sie *lustig* machte. Man sollte

---

[5] Thereses Themen Licht/Nacht, Exil/Heimatland, Düfte wären im Rahmen einer Arbeit über den Wortschatz der Handschriften, Briefe und Gedichte unter Berücksichtigung der Chronologie zu untersuchen.

hier eher von Zynismus, von boshafter Ironie sprechen. Die Heilige verglich übrigens später diese Gedanken mit *bösen Schlangen*, die ihr in die *Ohren zischten* (CJ 9.6.2).

Mutter Agnès berichtet: „In der Krankenzelle hatte sie eines Abends das Bedürfnis, mir mehr als sonst ihren Kummer anzuvertrauen. (...) Wenn *Sie wüssten*, sagte sie zu mir, *welch fürchterliche Gedanken mich verfolgen! Beten Sie fest für mich, dass ich dem Dämon, der mir so viele Lügen aufschwätzen will, kein Gehör schenke. Meinem Verstand drängen sich Gedankengänge der übelsten Materialisten auf: Die Naturwissenschaften werden unaufhaltsam weitere Fortschritte machen, und später werden sie alles auf natürliche Weise erklären, und man wird die absolute Einsicht in alles, was existiert und noch ungeklärt ist, haben, denn vieles bleibt noch zu entdecken. ..., usw. usw. Ich will nach meinem Tode Gutes tun, aber ich werde es nicht können! Es wird so sein wie bei Mutter Geneviève: man erwartete, dass sie Wunder wirken würde, und nun herrscht absolute Stille über ihrem Grab. ...*" (NPPA, infra, S. 115–116).

Es fällt hier auf, dass Therese nicht so sehr von der Welt abgeschnitten war, dass ihr die durch den Szientismus ihrer Zeit in Gang gekommenen Diskussionen völlig fremd gewesen wären. Diese Versuchung richtet sich gegen die Überzeugung der Heiligen, dass es im Diesseits unmöglich ist, die Wahrheit in allen Dingen zu *erkennen* (vgl. CJ 11.8.5). Sie spricht keineswegs der Wissenschaft die unbegrenzte Macht ab, in die Geheimnisse des Universums einzudringen, aber sie verwirft den mitschwingenden Gedanken, dass diese Fortschritte den Glauben überflüssig machen müssen. Diese Anspielung wird von Therese sowohl als Lüge als auch als Angriff auf ihre Freiheit zurückgewiesen: diese *widerlichen Gedanken* verfolgen sie in der Tat unablässig durch Einreden, in Form einer Schlussfolgerung, die sich ihrem *Verstand aufdrängt.*

Eine weitere Enttäuschung versucht, sie ins Herz zu treffen: Ihr Wunsch, nach ihrem Tode Gutes zu tun, dürfte sich nicht erfüllen.[6] Zum Beweis: Die heilige Mutter Geneviève, die Gründerin des Karmels von Lisieux, hat keinen Hinweis auf ihr Weiterleben im Jenseits hinterlassen; über ihrem Grab liegt vollkommene Stille! Wozu hat sie also so viele Opfer gebracht, wozu ihre ganze Jugendzeit für einen edlen Vorsatz vergeudet, der sich als Traum herausstellt? Den Anderen helfen wollen. Welch eine Illusion!

Mutter Agnès berichtet uns von einer weiteren vertraulichen Bemerkung Thereses zum Inhalt ihrer Gedanken gegen den Glauben: *Gestern Abend wurde ich von einer echten Angst gepackt, und das Dunkel um mich nahm zu. Ich weiß nicht, welche verfluchte Stimme zu mir sagte: „Bist du sicher, dass Gott dich liebt? Ist er schon einmal gekommen, um es dir zu sagen? Nicht die Meinung der Menschen wird dich vor ihm rechtfertigen"* (HA 1899, S. 227; PO, infra, S. 114-115).

Diese Versuchung gebraucht nicht den spöttischen Ton der ersten, aber, wie die anderen, trifft sie bei Therese einen empfindlichen Punkt: die Liebe Gottes zu ihr. Um ihr wahres Ausmaß zu erfassen, müsste man gewiß einige Jahre zurückgehen, bis zur Krise der Skrupel, die die Jugendliche nach der Erscheinung der Jungfrau vom Lächeln am 13. Mai

---

6 *Ich will meinen Himmel damit verbringen, auf Erden Gutes zu tun.* Zu diesem Ausspruch Thereses vgl. DE I, S. 478, Anm. a in 17.7. und die Zeugenaussagen während der Prozesse in DE II, S. 454-455.

1883 gequält hat. Sie zweifelte an der Echtheit dieses Gnadenerweises, sie fürchtete, zum Spielball ihrer Phantasie geworden zu sein, und warf sich auch vor, ihre Umgebung getäuscht zu haben. Alle Elemente dieses inneren Kampfes finden wir, geschickt formuliert, in den von Mutter Agnès wiedergegebenen Worten. Darüber hinaus fühlt sie sich aufgefordert, sich in dieser Situation gegenüber der *Meinung der Menschen* ihr eigenes Urteil zu bewahren, um das sie sich gewöhnlich bemühte, um der Wahrheit gemäß zu handeln. In diesen Kontext können wir auch die Aussage von Pater Godefroid Madelaine stellen, der 1896 der Heiligen die Beichte abnahm: „Ich weiß aufgrund der Worte, die sie mir während ihrer Exerzitien anvertraut hat, dass der liebe Gott ihr fast ständig sehr große innere Qualen auferlegt hat (...) sehr schwere Versuchungen gegen den Glauben und insbesondere bezüglich ihres ewigen Heiles" (PO, 1214r°, S. 520–521). „Ihre Seele machte eine Krise geistiger Dunkelheit durch, zu der sie sich verdammt glaubte" (PA, 1424).[7]

---

[7] Nach dem ersten Eindruck erscheint der Gedanke an die Verdammnis bei Therese so unerwartet, dass der Verdacht aufkommen könnte, Pater Godefroid Madelaine (vgl. Text in extenso auf S. 161) hätte die Angst der Heiligen nicht so wichtig genommen und entstellt (vgl. Guy GAUCHER, Art. zitiert in Thérèse de Lisieux, S. 64, Anm. 15). Ein Zettel mit Datum vom 8. September 1890, den sie am Tag ihrer Profess auf ihrem Herzen trug, erklärt ausdrücklich: *Jesus, gib, dass ich viele Seelen rette und dass heute keine einzige verdammt wird.* Der Wortlaut ist reiflich überlegt. Jedes Wort ist überdacht und als Gebet gesprochen worden und drückt Thereses ganze Seele aus. Sie hat also durchaus die Möglichkeit der Verdammnis in Betracht gezogen. Hätte sie sich andernfalls so leidenschaftlich für das Heil der Seelen einsetzen können? Wäre sie andernfalls während ihrer Glaubensprüfung gelegentlich derart von Angst vor der Verdammnis gepackt worden? Hatte die verfluchte Stimme, die sich in der Nacht der Zweifel aufdrängte, sich nicht vorgenommen, äußerst geschickt in ihrem Herzen frühere Ängste wieder

Die Liebe Gottes zu Therese war derart in Frage gestellt, dass sie sich vorstellen konnte, er habe sie verstoßen und verdammt. Zur Verdammung gehört aber auch die Vorstellung von einem Leben im Jenseits, denn die ewigen Qualen haben ihr Gegenstück in der ewigen Glückseligkeit. Somit kann man noch an die Existenz des Himmels glauben. Nach dem Manuskript C wäre Therese aber gerade versucht, diesen zu leugnen. Was sie erwartet, ist die *Nacht des Nichts* (Ms C, 6v°). Wenn es nach dem Tode nichts gibt, dann gibt es ebenso wenig den Himmel wie die Hölle. Wie soll man also diese widersprüchlichen Aussagen miteinander in Einklang bringen?

Man stellt fest, dass die Aussagen von Pater G. Madelaine und von Mutter Agnès sich auf die Zeiträume Juni oder Oktober 1896 und Mai 1897 beziehen, also auf die Zeit vor der Abfassung des Manuskripts C – Juni 1897 –, in dem sich die Heilige selbst äußert. Wir haben schon festgestellt, dass die Glaubensprüfung bei Therese in ihrem Verlauf immer stärker wurde. Hier hätten wir ein Bei-

---

aufkommen zu lassen? Diese gingen auf eine Lehre zurück, die sie über ihren *kleinen Weg* doch völlig verändert hatte. Bei den Benediktinerinnen hatte sie sich aufgelehnt gegen die augustinische Lehre bezüglich der Verdammnis der ohne Taufe verstorbenen Kinder. Nein, Therese hatte keine Angst vor der Hölle, auch nicht vor den Teufeln, die nach der klassischen Darstellung sie bewohnen sollen; möglicherweise fürchtete sie aber, von der Anschauung Gottes – denn darin besteht ja gerade die Verdammnis – ausgeschlossen zu werden. Mit diesem Trick wollte die Versuchung ihr Gottvertrauen untergraben. Die Umwege des Herzens folgen nicht konsequent der Logik einer Lehre, auch wenn man diese deutlich erfahren hat. – Bleibt noch festzuhalten, dass Therese in ihrem Theaterstück vom 21. Juni 1896 „Le triomphe de l'humilité" Luzifer sagen lässt: „Wenn es mir nicht gelingt, die Seelen, die Adonai besitzt, der Verdammnis auszuliefern ...." (RP 7).

spiel. Im Laufe der Zeit wurde die Versuchung deutlicher. Im Juni 1897 sagte sie: *Alles ist auf den Himmel hin ausgerichtet.* (CJ 3.7.3). Was bedeutet für sie der Himmel genau? Es scheint, dass das im wesentlichen die ewige Glückseligkeit ist, das Ewige Leben bei Gott. Aber schließt das die Existenz Gottes selbst ein? Gewisse Gedanken deuten darauf hin, dass sie nicht diese Existenz, sondern lediglich das Weiterleben der Seele in Zweifel zog. Gott existiere wohl, aber er kümmere sich nicht um die Menschen. *Wenn dir selbst, wider Erwarten, mein Leiden unbekannt sein sollte (...)* (Ms C, 7r°). Diese Einstellung mag unlogisch erscheinen. Wie kann man behaupten, dass sie unmöglich ist? *Es ist mir unmöglich, Ihnen all meine Ängste anzuvertrauen* – sagte sie eines Tages zu Mutter Agnès – *ich fürchtete, den lieben Gott zu beleidigen, wenn ich solche Gedanken in Worten ausdrücken würde. Ich liebe ihn doch so sehr! Aber das ist alles verworren* (DE I, S. 451).

Die Verworrenheit ihres inneren Zustandes wird deutlich in einer Aussage von Schwester Thérèse de St-Augustin während des Prozesses: *Wenn Sie wüssten* – sagte sie zu mir – *in was für eine Dunkelheit ich getaucht bin. Ich glaube nicht an das Ewige Leben; mir scheint, dass es nach diesem vergänglichen Leben nichts mehr gibt; für mich ist alles vorbei, es bleibt mir nur noch die Liebe* (PO, 583v°, S. 402).

Es bleibt mir nur noch die Liebe! Kann die Liebe Gottes ohne den Glauben bestehen? Wie kann ein Haus stehen bleiben, wenn es kein Fundament mehr hat? Nun ist es aber einigermaßen sicher, dass in diesem Sturm Thereses Liebe zu Gott keinerlei Verfinsterung gekannt hat. Dies erstaunt sie: *Muss man so sehr den lieben Gott und die Mutter-*

gottes lieben und solche Gedanken haben! ... (CJ 10.8.7). Sie hat wohl versucht, sich dieses Phänomen zu erklären, denn sie schlägt die folgende Antwort vor, die sie beim Lesen eines Kommentars zur Nachfolge Christi gefunden hat: *Auf dem Oelberg erfreute sich unser Herr aller Vorzüge der Dreifaltigkeit, und dennoch war seine Todesnot nicht weniger grausam. Das ist ein Geheimnis, aber ich versichere Ihnen, dass ich durch das, was ich selbst erdulde, ein wenig davon verstehe* (CJ 6.7.4).

War sie sich bewusst, dass dies der Beweis für die Stärke und die Vitalität ihres Glaubens war? Ihr *lebendiger Glaube* hat in seiner Substanz den Anfechtungen des Zweifels widerstanden. Vielleicht sollten wir einfach festhalten, dass wir uns hier einem der Aspekte des geheimnisvollen Wesens jeder Glaubensprüfung und vor allem des Geheimnisses der Seele Thereses gegenübersehen.

Der Kampf

Der von Therese gebrauchte Ausdruck *Kampf* beschreibt gut ihre Reaktionen gegenüber den Anfechtungen des Zweifels. Sie hat sich nicht damit zufrieden gegeben, passiv den Sturm über sich hinwegziehen zu lassen, sie hat tapfer gekämpft, indem sie nacheinander oder gleichzeitig vier Verteidigungs-„Systeme" anwandte: den konsequenten Widerstand, die Taktik der *Flucht*, die Bekräftigung ihres Glaubens und die Hingabe an Gott.

Der konsequente Widerstand

Wenn wir an Thereses Verhalten während ihrer Nacht der Zweifel denken, kommt uns spontan das Bild einer wacker verteidigten Festung in den Sinn. Dieses wird uns zum einen suggeriert durch das kriegerische[8] Vokabular, das die Heilige gerne gebraucht: Soldat, Krieg, Waffen usw. – man denke z. B. an den typischen Traum, den sie während des Kirchengebetes hatte (vgl. CJ 4.8.6) ; zum anderen aber vor allem durch die Seelenstärke, die sie während dieser fürchterlichen Prüfung erkennen lässt. Man könnte von einer unbezwingbaren Festung sprechen, die fest auf dem Felsen ruht. Nichts wird sie daran hindern, *dennoch dort zu bleiben* (Ms B, 5r°). Nein, sie *wird den Platz nicht wechseln* (a.a.O.).

Ihre Standhaftigkeit kennt keine Schwäche. Allenfalls lässt sie eines Tages die Härte der Angriffe, die sie auszuhalten hat, erkennen. So lässt sie gegen ihren Willen den Verdacht, den der Feind (Ms C, 7r°) ihr ständig aufdrängt, über ihre Lippen kommen und sagt: *Wenn es kein Ewiges Leben gäbe* (…), *aber vielleicht gibt es eins…, und das ist sogar sicher!* (CJ 5.9.1). Hiermit ist keine Bresche in die Festungsmauer geschlagen, denn sie weist dieses heimtückische *vielleicht* zurück. Sie hat also ihrem *Widersacher* (Ms C, 7r°) kein Zugeständnis machen wollen, nicht das kleinste Körnchen Wahrheit, das sie empfangen und in ihrem Glauben bewahrt hat. Mit all ihren

---

8 Therese gebraucht das kriegerische Vokabular vor allem ab Herbst 1896. Ihr Gedicht „Meine Waffen" (PN 48), das sie für den 25. März 1897, den Tag der Profess von Schwester Marie de l'Eucharistie, verfasste, trägt zur Einstimmung diesen Satz des heiligen Paulus: „Zieht die Rüstung Gottes an, damit ihr den listigen Anschlägen des Feindes widerstehen könnt." (Eph 6, 11).

Kräften leistet sie Widerstand. Am Morgen nach einer besonders harten Nacht der Prüfung bekennt sie: *Ich habe sehr viele Versuchungen zurückgewiesen ...* (CJ 6.8.1).

Thereses unbeugsamer Widerstand erscheint uns umso bewundernswerter, als ihre Glaubensprüfung lang und hart war und ganz plötzlich einsetzte. Man braucht kein Experte der Militärstrategie zu sein, um zu verstehen, dass dem Überraschungsmoment eine große Bedeutung zukommt, wenn der Kampf zum Siege führen soll. Therese hatte zwar sechs Jahre vorher, nämlich 1891[9], kurz vor den von Pater Alexis Prou gehaltenen Exerzitien einen Vorgeschmack von dem bekommen, was sie jetzt erduldete: *Ich machte damals schwere innere Prüfungen aller Art durch (gelegentlich bis zur Frage, ob es einen Himmel gibt)* Ms A, 80v°). Aber das war nur ein Geplänkel im Vergleich zu dieser Schlacht, die *plötzlich* über sie hereingebrochen war. Sie erlebte nicht diesen langsamen Einbruch der Dämmerung, bei der die Glaubenswahrheiten nach und nach unscharf werden, um unbemerkt in der finsteren Nacht zu versinken, so wie dies bei Renan der Fall war. Ein derartiges Abenteuer konnte Therese nicht passieren. Das war unmöglich. Unmöglich wegen ihrer Wachsamkeit und der Stärke ihres Glaubens.

Ich bin wie der Späher, der den Feind vom höchsten Türmchen einer Festung beobachtet. (Ms C, 23r°). Was sie für ihre Novi-

---

[9] Im April 1891 besucht Marguerite-Marie Maudelonde, die Nichte von Frau Guérin, die seit eineinhalb Jahren mit René Tostain, einem ungläubigen Juristen verheiratet ist, Therese im Sprechzimmer und berichtet ihr von ihren Glaubenszweifeln. Vgl. LT 126 und DE I, S. 551, Anm. a in 2.9.7.

zinnen tat, das tat sie für sich selbst. Die vielen Prüfungen, die sie im Laufe ihres Lebens seit dem Tod ihrer Mutter durchmachte, waren für die Heilige wie für jeden anderen Christen nichts anderes als Prüfungen ihres Glaubens. Man weiß, wie sie sich ihnen gestellt hat, vor allem während der Krankheit ihres Vaters. Ihre Reaktion bestand stets in einer bereitwilligen Annahme dessen, was Gott mit ihr und ihrer Familie vorhatte. Das Problem des Leidens und des Bösen, dem sie sich schon sehr früh gegenüber sah, war für sie wie für jeden Menschen der Prüfstein ihres Gottvertrauens.

Gewiss war sie durch ein außergewöhnliches, vom Glauben geprägtes Milieu begünstigt und wurde schnell den antiklerikalen und atheistischen Strömungen, die sich gegen Ende des 19. Jahrhunderts auf gehässige Weise bemerkbar machten, entzogen. Kann man sich aber vorstellen, dass ihr Glaube nicht hätte kämpfen müssen, um sich zu festigen, um die Stärke und Reife, die wir bei ihr feststellen, zu erreichen, *um lebendig und klar* (Ms C, 5r°) zu bleiben? Hätte er etwa nicht kämpfen müssen gegen die tausend Verlockungen zum Zweifel und zum Unglauben, die in jedem Leben, auch im wohl behüteten, möglich sind? Wenn sie auch *stets nur die Wahrheit suchte* (CJ 30,9), so waren ihr doch einige Schwierigkeiten nicht erspart, die ihre Beobachtungen an der sie umgebenden Welt, ihre persönlichen Gedanken über den erhaltenen Unterricht und ihre eigenen Entdeckungen ihr notwendigerweise bereiteten. Es scheint, dass sie durchaus gewisse Probleme erkannte. So bedauert sie, dass sie nicht selbst Klarheit in die nach ihrer Auffassung fehlerhaften Übersetzungen der Heiligen Schrift bringen kann (vgl. CJ 4.8.5). Wir wissen, mit welchem Eifer sie sich während ihres ganzen Lebens über die Glaubenswahrheiten informierte, und dies schon lange vor dem Katechismusunterricht des Abbé Domin, der sie *seine kleine Gelehrte* nannte (Ms A, 37v°). Das Buch des Abbé Arminjon hat ihr eine gründliche Kenntnis der *Geheimnisse des zukünftigen Lebens* vermittelt (Ms A, 47r°). Ohne müde zu werden, hat sie sich vor allem in das Evangelium vertieft.

Diese gründliche und umfassende Bildung, die frei von intellektuellen Besonderheiten und Spitzfindigkeiten war, bildete diesen lebendigen Schatz, den sie mit einer beständigen Wachsamkeit verteidigte.

In diesem Glauben, auf dessen Integrität sie peinlich achtete, ging sie ganz auf. Sie hatte sich ganz Gott überlassen. Thereses Glaube, der ständig genährt wurde und eins war mit ihrem ganzen Wesen, der zu ihrem eigenen Leben geworden war, hatte die Kraft eines durch und durch lebendigen, gesunden und voll entwickelten Organismus erlangt. Es erstaunt also nicht, dass er den Eindruck einer uneinnehmbaren Festung erweckt. Seine tiefe Verwurzelung in Christus und seine Wachsamkeit gaben ihm die Stabilität des auf den Felsen gebauten Hauses, von dem das Evangelium spricht (vgl. Mt 7,24–27).

Die Taktik der Flucht

Bei jeder neuen Gelegenheit zum Kampf, wenn mein Widersacher kommt, um mich herauszufordern, verhalte ich mich tapfer; und da ich weiß, dass es feige ist, sich zu duellieren, wende ich meinem Gegner den Rücken zu, ohne ihn eines Blickes zu würdigen (Ms C, 7r°).

Wieso ist es feige, sich zu duellieren? Muss man im Gegenteil nicht mutig sein, wenn man sein Leben aufs Spiel setzt?

Um Thereses Gedanken zu verstehen, muss man sich von vornherein auf ihre Ebene stellen. Das Duell annehmen, d.h. zulassen, dass Glaubenszweifel in Betracht gezogen werden, das bedeutet schon, auf das Spiel des *Gegners* eingehen, das Gewicht seiner Argumente anerkennen, das bedeutet vielleicht auch, heimlich diesen „Todesinstinkt" befriedigen, der manchmal einen leidgeprüften Menschen dazu bringt, mit seinen Schwierigkeiten durch den Selbstmord fertigzuwerden. Sich duellieren heißt schon kapitulieren, heißt Gott beleidigen, heißt schon ihn verleugnen, indem man ihm nicht grenzenlos vertraut. Das Duell annehmen ist endlich ein Akt der Feigheit, weil dies heißt Gott verraten und dem wahren Kampf aus dem Wege gehen, der ungleich härter ist, weil er der Natur nichts gewährt, indem er bedingungslose Hingabe fordert. Ist der wahre Kampf nicht der zwischen dem Engel und Jakob? So trifft Therese bei *jeder neuen Gelegenheit* die klare Entscheidung, der Bloßstellung und dem unvermeidlichen Kapitulationsangebot aus dem Wege zu gehen. Sie hält es für klug, *sich nicht auf den Kampf einzulassen, wenn die Niederlage gewiss ist* (Ms C, 15r°). Das heißt: sie lehnt es ab, *sich mit diesen Gedanken aufzuhalten* (vgl. CJ 10.8.7), die ihr die verfluchte Stimme zuflüstert. „Niemals befasste sie sich mit diesen finsteren Gedanken" (NPPA, a.a.O., S. 116). Sie *wendet* ihnen *den Rücken zu, ohne sie eines Blickes zu würdi-*

gen., da sie weiß, dass es nicht nur unnütz sondern auch *sehr gefährlich* ist, sie näher zu untersuchen, sie zu erörtern, um ihren Wahrheitsgehalt zu bestimmen: *Seid beruhigt, ich werde mir nicht den kleinen Kopf zerbrechen und mich damit herumquälen* (CJ 6.6.2).

Wir dürfen annehmen, dass sie schon früher diese „Taktik der Flucht" angewandt hatte. Sie hütete sich nämlich davor, vertrauensselig auf heimliche Angriffe auf die Unversehrtheit ihres Glaubens einzugehen, die sich in der belanglosen und heimtückischen Form der „wenn" und „vielleicht" zeigen. Das schließt nicht aus, dass sie sich leidenschaftlich eine bessere Einsicht in ihren Glauben gewünscht hätte: sie hat doch *immer nur die Wahrheit gesucht*. Aber dank ihres ganz sicheren übernatürlichen Empfindens konnte sie den Fußangeln einer intellektuellen, selbstzufriedenen Forschung ausweichen, die mehr von ihrer eigenen Methode als von der Wahrheit selbst beeindruckt ist. Bei Therese gab es weder Vermessenheit noch Herausforderung: sie ging dem Gegner nicht entgegen, sie wurde von ihm *herausgefordert*. Es konnte ihr nicht in den Sinn kommen, sich ihre Schwierigkeiten vorzustellen, ein Gedankenspiel daraus zu machen, denn sie konnte die *Verstellerei* nicht ertragen (vgl. CJ 7.7.4; 13.7.7). *Ah, ich verstelle mich nicht, ich sehe wirklich nichts* (CJ 15.8.7).

Und noch eine bemerkenswerte Tatsache. Ihre Versuchungen haben nicht den Umweg über Beweggründe gemacht, die ihrem Wesen nach nichts mit dem Glauben selbst zu tun haben, wie etwa eine unvollständige Information über die geoffenbarten Dinge, eine verzerrte Unterweisung oder eine allgemeine Infragestellung, die auf die

Situation der Kirche, der Gesellschaft oder auf bestimmte Skandalgeschichten zurückzuführen wäre. Seit langem hatte ihr Gespür für den Glauben es ihr ermöglicht, dessen Substanz zu erkennen und zu erfassen. Da ihr *Gegner* also auf Umwegen nichts erreicht, fordert er sie direkt über das Wesentliche heraus. Therese weiß, dass Versuchung nicht Sünde ist, dass eine Schwierigkeit nur durch eine freie und bewusste Zustimmung, durch eine ausdrückliche Einwilligung zum Zweifel werden kann. „Tausend Schwierigkeiten ergeben noch keinen Zweifel", sagte Kardinal Newman. Die Sorge der Heiligen, sie könnte *Gott beleidigen,* ist derart ausgeprägt, dass sie sich sogar scheut, ihre inneren Qualen zu beschreiben. *Mehr will ich darüber nicht schreiben, ich könnte Gott beleidigen ... ich fürchte sogar, darüber schon zuviel gesagt zu haben ....* (Ms C, 7r°). *Ich hätte Angst, ich könnte den lieben Gott beleidigen, wenn ich durch Worte solche Gedanken ausdrücken würde* (DE I, S. 451).

Einen weiteren Grund für ihr Schweigen und ihre kluge Zurückhaltung kann man in dem Wunsch sehen, ihre Umgebung vor einer Ansteckung mit ihrem Problem zu schützen. Schwester Geneviève bezeugt es: „Der Glaube, der ihr Leben beseelte, war einer harten Prüfung durch die Versuchung ausgesetzt (...). Diese Anfechtungen bezogen sich vor allem auf die Existenz des Himmels. Sie sprach mit niemand darüber aus Furcht, sie könnte auf andere ihre unaussprechliche Qual übertragen" (PO, 353v°, S. 276). Und Schwester Marie du Sacré-Coeur sagte: „In einem vertraulichen Gespräch (an Ostern 1897) fragte sie mich, ob bei mir gelegentlich Versuchungen gegen den Glauben aufgekommen seien (...).

Ich fragte sie, ob das bei ihr selbst der Fall sei; sie antwortete aber ausweichend und lenkte das Gespräch in eine andere Richtung. Da wurde mir klar, dass sie mir nichts sagen wollte aus Furcht, sie könnte mich dazu bringen, ihre Versuchungen zu teilen" (PA, 813).[10] Pater Godefroid Madelaine erklärte seinerseits: „In der Kommunität hatte niemand eine Ahnung von all dem, was sie zu leiden hatte" (PO, 1214v°, S. 521).

Schließlich wandte Therese in diesem Extremfall ein Prinzip an, das zu ihrem *kleinen Weg* gehörte: *Es tut so gut und gibt so viel Kraft, sein Leid nicht auszusprechen!* (CJ 5.8.10; vgl. 16.9). Sie weigert sich, sich selbst zu bemitleiden, Tröstungen in ihrem Schmerz zu suchen, weil sie im Grunde von sich selbst losgelöst ist.

Die Bekräftigung ihres Glaubens

Therese hat sich nicht damit begnügt, energisch den Angriffen des *Widersachers* zu widerstehen. Sie hat ihre „Taktik der Flucht" nur angewandt, um ihrerseits anzugreifen, indem sie entschlossen ihren Glauben an die Wahrheit bekräftigte, die sie auf Drängen ihrer Gedanken leugnen sollte. *Bei jeder neuen Gelegenheit zum Kampf (...) eile ich zu meinem Jesus. Ich sage ihm, dass ich bereit bin, meinen letzten Blutstropfen zu opfern, um zu bekennen, dass es einen Himmel gibt* (Ms C, 7r°).

---

10 Vgl. Guy Gaucher; La Passion de Thérèse de Lisieux, a.a.O. S. 110–111 mit den Anm.

Sie erneuert gewissermaßen von Grund auf ihre Bindung an Gott, an Jesus, indem sie, so oft wie nötig, Bekenntnisse ihres Glaubens ablegt: *Ich glaube, seit einem Jahr öfter das Glaubensbekenntnis abgelegt zu haben als während meines ganzen Lebens* (Ms C, 7r°). Nach einer Nacht, in der die Versuchungen aufdringlicher geworden waren: *Ah! ich habe sehr oft das Glaubensbekenntnis abgelegt ...* . (CJ 6.8.1). Zu „diesen finsteren Gedanken" sagte sie zu Mutter Agnes: *Ich erdulde sie zwangsläufig, aber während ich sie erdulde, lege ich ununterbrochen Bekenntnisse meines Glaubens ab* (NPPA, a.a.O., S. 116).[11]

Während ihres Todeskampfes, als ihre Schmerzen ihren Höhepunkt erreicht haben, weist sie noch die Versuchung zurück, und man hört diesen wunderbaren Ausruf des Glaubens und der Liebe: *Ah! du mein guter Gott! ... Ja, er ist sehr gut, ich finde ihn sehr gut ... Oh! ja, du bist gut! ich weiß es ...* (CJ 30.9).

Zu anderen Zeiten, wenn sie sich weniger bedrängt fühlt, bekennt sie wiederholt weniger formell ihren Glauben, sei es, dass sie fröhlich betont *wenn ich einmal im Himmel bin ...* (vgl. CJ 21 / 26.5.7; 27.6; 8.7.14; 2.8.4., usw.) oder zu Gott sagt, dass sie ihn liebt (vgl. CJ 30.7.8), sei es, dass sie das Kreuzzeichen macht, was für sie eine besondere

---

11 Um ihren Glauben für immer zu bekräftigen, hatte sie auf Anraten von Pater G. Madelaine im Juni oder eher noch im Oktober 1896 das Credo abgeschrieben und trug es bei sich (in ihrem Taschenbuch-Evangelium). Therese hatte sich entschlossen, es mit ihrem Blut zu schreiben, um den Widerstand gegen die Zweifel noch zu verstärken. So folgte sie, vielleicht ohne es zu wissen, dem Beispiel des hl. Vinzenz von Paul, der dieselben inneren Qualen erduldete. Vgl. Bildbeigabe in J'entre dans la vie, Cerf-DDB 1973, S. 80–81.

Anstrengung bedeutet (vgl. CJ 31.8.3). Sie küsst das Kreuz mit Zärtlichkeit (vgl. CJ 2.8.5; 19.8.3). Es kommt sogar vor, dass sie *in ihrem Herzen ganz laut singt: Auf den Tod folgt das unsterbliche Leben* (CJ 15.8.7). Sie verlangt die Krankenkommunion und äußert ihre Freude darüber, versehen zu werden (vgl. CJ 30.7.18). Aus demselben Grunde, nämlich um ihren Glauben zu praktizieren und zu stärken, will sie die Beichte ablegen und ist enttäuscht darüber, dass Abbé Youf ihr diese nicht abnehmen kann (vgl. CJ 6.9.3). Es schmerzte sie ganz besonders, dass sie vom 19. August bis zu ihrem Tod auf die Hl. Kommunion verzichten musste, da es ihr unmöglich war, auch nur eine Partikel der Hostie zu schlucken (vgl. CJ 20.8.10), und sie zu schwach war, die Vorbereitung und die lange Feier durchzustehen (vgl. CJ 19.8.1 und DE I, S. 531 und 534). Schließlich erträgt sie ihre schrecklichen körperlichen Qualen und ihre *Seelenprüfung* in dem Gedanken, oder vielmehr in der Gewissheit, zum Wohle der Seelen zu wirken und nach ihrem Tode Gutes tun zu können: *ich werde wieder kommen* (CJ 9.7.2).

Thereses Reaktion auf ihre Zweifel ist außerordentlich schlüssig und wirksam. Sie begriff, dass sie auf keinerlei Hilfe von außen zurückgreifen konnte, um in diesem Sturm zu bestehen. Die Antwort „Halten Sie sich damit nicht auf, das ist sehr gefährlich", die ihr Abbé Youf auf ihre vertraulichen Äußerungen gab, kommentierte sie humorvoll: *Es ist wenig tröstlich, dies zu hören* (CJ 6.6.2).

Als eine ihrer Schwestern sie durch das Vorlesen schöner Texte wieder aufzurichten glaubte, sagte sie frei heraus: *Es ist, als würden Sie singen!* (CJ 23.7.2).

Sie hatte begriffen, dass keine Erläuterung, keine vernunftgemäße Überprüfung oder Auslegung, keine menschliche Beweisführung ihr einen Schritt ersparen konnte, den niemand anders für sie tun konnte, nämlich „dem Glauben gehorchen" (Rm 16,26). Sie musste ihre vollkommene Hingabe erneuern, sich einzig und allein auf das Wort Gottes verlassen. Und hierzu gab es nur ein Mittel: den Glauben durch dessen Ausübung stärken. Wie dem Leben, so musste sie auch dem Glauben – denn der Glaube ist ja göttliches Leben – die Möglichkeit geben, sich zu entwickeln. Beim Glauben geschah das durch das Bekenntnis. Denn, so sagen die Biologen, das Lebende baut sich von innen heraus auf.

Therese ist weit davon entfernt, sich über die unbequeme Situation zu beklagen, in die ihr Verstand geraten ist, nämlich eine Wahrheit annehmen zu müssen, für die sie keine natürliche Gewissheit hat. Sie akzeptiert vielmehr bereitwillig die Ungewissheit, die dem Glauben anhaftet: *Mein Wunsch, den lieben Gott und die Heiligen **nicht** zu sehen und in der Glaubensnacht zu verbleiben, war größer als der Wunsch anderer, zu sehen und zu verstehen* (CJ 11.8.5). Oder auch: *Nur im Himmel werden wir in allen Dingen die Wahrheit erfahren. Auf Erden ist das unmöglich* (CJ 4.8.5; vgl. 5.8.4; 11.9.7). So bemüht sie sich, *auch wenn der Glaube ihr nicht die Freude schenkt (...), seine Werke zu vollbringen* (Ms C, 7r°).

Auf diesem Gebiet darf man sich nicht auf seine Gefühle verlassen. Sie weiß, dass diese sich je nach den Gegebenheiten und nach unserer Laune verändern (vgl. CJ 20.5.1; 10.7.13). Zudem sind sie fehl am Platz, wenn es darum geht, Gott zu begegnen. Um ihn „im Geiste und in der Wahrheit" (Jn 4,23) zu finden, muss sich der Mensch aus innerster Seele hingeben. Mit anderen Worten: die Seele muss aus freiem Entschluss glauben wollen. So erklärt sich, angesichts des Drängens der Zweifel, der ganz eindeutige Wille Thereses, für das Geschenk des Glaubens aus freier Einwilligung stets offen zu sein. *Ich besinge nur, was ICH GLAUBEN WILL* (Ms C, 7v°); die Wörter sind doppelt unterstrichen. Sie wiederholt sie gegenüber Schwester Marie de la Trinité: *Ich besinge, was ich glauben will, aber ohne jede Gefühlsregung* (PA, 1315). Es erübrigt sich, hier nachzuweisen, dass man sie nicht des „Fideismus"[12] bezichtigen kann.

Wir wollen vielmehr zwei Besonderheiten des theresianischen Realismus festhalten. In ihrem Kampf zaudert Therese nicht. Ihr Gegenschlag kommt immer sofort: *Bei jeder neuen Gelegenheit zum Kampf (...) eile ich zu meinem Jesus* (Ms C, 7r°). Sie ist ganz bei der Sache. Andererseits erkennen wir ihre Begabung, die Ereignisse, die geringsten Begebenheiten, dazu zu nutzen, sich Gott zuzuwenden. Sie beherrscht die Kunst, bewusst im Jetzt zu leben und darauf ihr ganzes Wesen zu konzentrieren: *Ich leide nur einen Augenblick lang. Wenn man an die Vergangenheit und die Zukunft denkt, verliert man den Mut, verzweifelt man* (CJ 19.8.10; vgl. DE/MSC 20.8).

Schließlich kann man Therese nicht den Vorwurf ma-

---

12 Glauben bestand für Therese nie in einer Überzeugung des Herzens ohne Bezug auf die Ansprüche des Verstandes. Ihre Wahrheitsliebe und ihr Realismus haben sie stets angetrieben, in der Heiligen Schrift und in der Tradition eine Bestätigung der Offenbarung durch die Geschichte zu suchen. Gerade diese Überlegungen haben es ihr erlaubt, über die Entstellungen der Theologie ihrer Zeit hinweg zur Quelle zurückzukehren und ihren *kleinen Weg* zu entdecken.

chen, ausschließlich dem Voluntarismus anzuhängen, denn die ultima ratio ihres Glaubenwollens ist nichts Anderes als die Liebe. Die folgende Überlegung ist aufschlussreich: *Oh! Wie würde ich doch den Mut verlieren, ich spüre es, wenn ich nicht den Glauben hätte! oder mehr noch, wenn ich den lieben Gott nicht liebte* (CJ 4.8.4; vgl. 16.8.1).

In der Tat entdecken wir hier das Geheimnis der unbändigen Energie, die Therese in ihrem Kampf gegen die Versuchungen entwickelt. Sie kämpft, um einen Glauben zu bewahren, den sie liebt, weil er ihr die Liebe geoffenbart hat.

Die Hingabe an Gott

Widerstand, Flucht, Bekenntnis des Glaubens und der Liebe, Therese ist zutiefst davon überzeugt, dass sie ohne Unterstützung durch die Gnade nichts von all dem erreichen könnte. Sie weiß, dass der Glaube selbst eine Gnade ist (vgl. CJ 22.9.6), dass aber Gottes Hilfe unerlässlich ist, um diesen zu bewahren: *Immer wieder sage ich dem lieben Gott: O mein Gott, ich bitte dich, bewahre mich vor dem Unglück, ungläubig zu werden* (CJ 7.8.4).

Hier haben wir eine ausgezeichnete Darstellung des *kleinen Weges*, der darin besteht, *klein zu bleiben*, das heißt, sich keinerlei Tugend zugute zu halten, sich nicht einzubilden, aus eigenem Vermögen irgendetwas Gutes zu vollbringen, sondern im Gegenteil sich seine eigene unendliche Schwäche einzugestehen und daraus alles von Gott erwarten. *Ich kann mich auf nichts stützen, auf keines meiner Werke, um Vertrauen zu haben* (CJ 6.8.4). *Ich stütze mich niemals auf meine eige-*

nen Gedanken; ich weiß, wie schwach ich bin (CJ 20.5.1).

Solange man sich dieses Bewusstsein der Armut und der Demut des Herzens bewahrt, ist man nicht in Gefahr. Die Prüfungen, die man notwendigerweise durchmachen muss, werden stets von Gott bemessen, der nicht zulässt, dass man zu einem bestimmten Augenblick über seine tatsächlichen Kräfte hinaus versucht wird: *Der liebe Gott lädt mir genau das auf, was ich tragen kann* (CJ 25.8.2). *Wenn ich zu ersticken drohe, schenkt mir der liebe Gott die nötige Kraft* (CJ 27.7.15).

Es kommt dagegen mit Sicherheit zur Katastrophe, sobald man glaubt, man sei aus sich heraus imstande, eine Schwierigkeit zu bewältigen: *Ich kann sehr gut verstehen, dass der heilige Petrus gefallen ist. Dieser arme heilige Petrus verließ sich auf sich selbst, statt sich einzig und allein auf die Kraft des lieben Gottes zu verlassen. Daraus schließe ich: würde ich sagen: „O, mein Gott, du weißt, dass ich dich zu sehr liebe, um auch nur einen Gedanken gegen dich aufkommen zu lassen", dann würden sich die Versuchungen in mir verstärken und ich würde ihnen gewiss erliegen* (CJ 7.8.4).

Wenn sie standhaft bleibt, dann nur weil Gott sie stützt. Aber sie spürt diese Hilfe nicht, die von Fall zu Fall gewährt wird und derart diskret, dass Therese eher den Eindruck hat, in ihrer Nacht, in ihrem körperlichen Leiden und in ihrer seelischen Angst völlig allein gelassen zu sein. Sie isst das *Brot des Schmerzes* (...) am *Tisch voller Bitterkeit, an dem die armen Sünder essen* (Ms C, 6r°). Sie hat den Eindruck, dass Gott abwesend ist, „wie wenn" sie ungläubig geworden wäre. Ohne die *Freude des Glaubens* (Ms C, 7r°), ohne die übernatürlichen Freuden der Liebe, die sie vorher so glücklich machten, erfährt sie psychologisch jetzt die Verlassenheit der Ungläubigen. Der Himmel ist ihr fest verschlossen ... *Sogar die Heiligen lassen mich im Stich!*, stöhnt sie (CJ 3.7.6). Die zahllosen feinfühligen Tröstungen ihrer Schwestern können diese unbeschreibliche *Qual* nicht lindern. Die innere Finsternis scheint nicht nur ihre Bindung an den Glauben in Frage zu stellen, sondern auch ihre unendliche Hoffnung, insofern sie daran zweifelt, dass Gott seine Versprechen hält. Dass sich die Glückseligkeit des Himmels als Illusion erweist, ist die eine Seite der Versuchung. Nicht weniger gefährlich ist aber die andere, die darin besteht, zu bezweifeln, dass Gott an der Seele interessiert ist, zu denken, dass er sie sich selbst überlässt in ihrem vergeblichen Bemühen, das verheißene Ziel zu erreichen.

Noch tiefer ist bei der Heiligen in dieser Glaubensprüfung ihr kostbarstes Gut bedroht: ihr Vertrauen in die barmherzige Liebe. Sie war das Herzstück ihres *kleinen Weges*. Sie hatte sich der *barmherzigen Liebe Gottes* als *Brandopfer* angeboten (vgl. vollständigen Titel des Aktes der Hingabe und Ms A, 84r°). Die Annahme dieses Opfers durch Gott war ihr durch die „Verletzung der Liebe", die sie wenig später erfuhr (vgl. CJ 7.7.2), und durch andere Zeichen versichert worden. Nun schien diese vollkommene auf Gegenseitigkeit beruhende Liebe plötzlich zu erkalten. Gott zog sich in die Stille seiner zweifachen Nacht zurück. Therese erkannte, dass sie auf dieses offensichtliche Zurückweichen Gottes mit einer völligen Selbstaufgabe, mit einem nicht weniger vollkommenen Fallen-Lassen in Gottes Hand reagieren musste: *Der liebe Gott will, dass ich mich hingebe wie ein ganz kleines Kind, das sich über das, was man mit ihm macht, nicht beunruhigt* (CJ

15.6.1). Diese gewohnte Haltung erscheint immer wieder wie ein echtes Leitmotiv in ihren Worten: *Aber ich gebe mich hin* (CJ 10.6); *Man muss sich hingeben* (CJ 25.8.8; vgl. 1.8.5; 5.9.4; 11.9.4).

Man muss sagen, dass sie erst nach und nach zu dieser totalen Hingabe an Gott gelangt ist: *Dieser Ausspruch des Ijob: „Selbst wenn Gott mich töten würde, würde ich noch auf ihn hoffen", hat mich von meiner Kindheit an fasziniert. Ich habe aber lange gebraucht, bis ich mich in einem solchen Maße hingeben konnte. Nun habe ich es erreicht* (CJ 7.7.3).

Eine solche Hingabe ist kein Sich-Aufgeben; sie ist die endgültige, uneingeschränkte Annahme des göttlichen Willens, wie auch immer er sich äußern mag. Es handelt sich also um die höchste Stufe des Glaubens, um einen völlig losgelösten Glauben, der sich auf keinen menschlichen Beweggrund stützt; dies ist vor allem die reinste Form einer Liebe, die zu einer Fülle gelangt ist, die sich durch ein blindes Vertrauen in Gottes Barmherzigkeit äußert, trotz allem, was gegen sie zu sprechen scheint. Nein, Gott lässt sie mitten in ihrer Nacht nicht im Stich. Er kann sie nicht im Stich lassen, er hat sie nie im Stich gelassen. *Ich liebe ihn! Er wird mich nie im Stich lassen* (CJ 27.7.15). Therese sprach immer wieder diese Gewissheit aus (vgl. CJ 4.7.3; 31.7.14; 23.8.1; 30.9), und dadurch gab sie die deutlichste und ausführlichste Antwort auf ihre Versuchungen gegen den Glauben. Zu keinem Zeitpunkt ließ sie sich zu Zweifeln an der Güte Gottes, der sie so leiden ließ, hinreißen. Statt ihn der Gleichgültigkeit, oder gar der Grausamkeit zu bezichtigen, wie Ijob es tat, sah sie die Möglichkeit, ihm Dank zu sagen, ihm für das, was sie erlitt, zu danken.

Sie tat diesen außergewöhnlichen Ausspruch: *Oh! Wie gut muss der liebe Gott doch sein, dass er mich all das, was ich leide, ertragen lässt!* (CJ 23.8.1). Sie weiß, dass er bei ihr ist, dass er ihr die Kraft gibt, so weit in diesem *Martyrium* voranzuschreiten, das nichts anderes ist als das *Martyrium der Liebe*, das sie sich so sehr gewünscht hat. Sie begriff, dass ihre Beharrlichkeit im Vertrauen der Gradmesser für ihre Liebe war, dass Gott von ihr noch *mehr Zeichen der Hingabe und der Liebe erwartete* (CJ 10.7.14).

Auf eine Frage zur Geduld und zu den Heiligen, die als Beobachter Zeuge ihres Kampfes wurden, antwortete sie: *Sie wollen sehen ... Ja! ... vor allem, ob ich das Vertrauen verliere ..., wie weit ich in meinem Vertrauen gehe ...* (CJ 22.9.3). Der Grund für dieses endlose Vertrauen liegt nicht in ihren persönlichen Verdiensten, in ihrem beispielhaften Leben, er liegt in der unfassbaren und unendlichen *barmherzigen Liebe* Gottes selbst: *Man könnte glauben, dass ich ein so großes Vertrauen in den lieben Gott habe, weil ich nicht gesündigt habe. Sagen Sie doch, meine Mutter, dass ich immer noch dasselbe Vertrauen hätte, auch wenn ich alle möglichen Verbrechen begangen hätte* (CJ 11.7.6).

Muss man erwähnen, dass Therese aus diesem langen und unbarmherzigen Kampf als Siegerin hervorgegangen ist? Will man den Beweis haben, so ist es nicht nötig, auf ihr Wirken und ihren Ruhm nach ihrem Tode zu verweisen. Schon während der Zeit ihrer Prüfung gab sie, wie wir gesehen haben, Hinweise auf diesen glücklichen Ausgang durch ihren erbitterten Widerstand, durch ihre Weigerung mit ihrem *Widersacher* zu diskutieren, durch die Bekenntnisse ihres Glaubens und ihrer Liebe, durch ihr unerschütterliches Vertrauen. Es liegen uns aber noch weitere Hinweise vor, die belegen, dass sie wusste, was sie tat, dass sie in Wirklichkeit die Situation beherrschte. Zwei Züge ihres Verhaltens sind besonders aufschlussreich: ihre Freude und ihr innerer Frieden, die sich auf tausend Arten durch ihre *Spielereien* (CJ 8.7.4) ziehen, ihre Wortspiele, ihre Scherze, ihre Erinnerungen an Lieder aus vergangenen Tagen, ihre Aufmerksamkeiten, um ihren Schwestern Ablenkung und Vergnügen zu bereiten. Gewiss, sie leidet sehr, aber *in Freude und Frieden*, schreibt sie an Mutter Marie de Gonzague (Ms C, 4v°).

Die „Letzten Gespräche" enthalten eine Fülle solcher Bemerkungen: *meine Seele ruht bei aller Dunkelheit in einem außerordentlichen Frieden* (CJ 24.9.10; vgl. 11.7.8; 14.7.9; 21.8.1; 28.8.3; 8.9). In Anbetracht der Leiden, die sie körperlich und seelisch quälen, ist dies wirklich außerordentlich. Die Freude und die Heiterkeit strahlen derart aus ihrem Inneren, dass ihre Schwestern verblüfft sind und gelegentlich vergessen, dass sie es mit einer Schwerstkranken zu tun haben. Sie fragen sie um Rat, bestürmen sie mit Fragen oder lassen sich von ihr trösten.[13] Menschlich gesprochen, ein erstaunlicher Friede, denn er hat keine andere Quelle als die in Thereses Herzensgrund wirkende Gnade. So

---

13 Man quält mich mit Fragen, das erinnert mich an Jeanne d'Arc vor dem Gerichtshof! gesteht Therese im Juli (CJ 20.7.6). Schwester Geneviève bezeugt im Prozess: „Selbst während ihrer letzten Krankheit bewahrte sie kindliche und liebenswürdige Manieren, die ihre Nähe sehr angenehm machten. Alle wollten sie sehen und hören." (PO 398v°, S. 307) Und später: „Obwohl oft der Besuch der einen oder anderen ungelegen war, zeigte sie sich niemals ungehalten." (PO, 402r°, S. 309).

stellt ihr letzter Seufzer, der in einem Anflug von Ekstase ihren Triumph ausdrückt, den normalen Zielpunkt ihres Aufstiegs dar. Gewiss konnte sie bis zur letzten Sekunde straucheln, und sie wusste das sehr wohl, denn sie misstraute durchaus ihrer Schwachheit. Doch diese Schwäche war höchst unwahrscheinlich, denn, wie man sagt, stirbt man doch so, wie man gelebt hat.

Thereses Tod bezeugt ihr ganzes Leben in einem letzten Orgelpunkt, der es zusammenfasst: *Oh! ich liebe ihn!... Mein Gott... ich liebe dich!...* (CJ 30.9).

III DIE BEDEUTUNG DER GLAUBENSPRÜFUNG

Es ist kein Zufall, dass „die größte Heilige unserer Zeit" (Pius X.) eine Prüfung und zwar eine Glaubensprüfung durchmachen musste. Es ist auch kein reiner Zufall, dass diese Prüfung auf ihre letzte Lebensphase fiel, zeitgleich mit dem Erleben schwerer körperlicher Qualen.

In Anbetracht der Sendung Thereses, „Wort Gottes für unsere Zeit" (Pius XI.), kommt dieser Tatsache eine besondere Bedeutung zu. Dies soll am Beispiel des persönlichen Lebens der Heiligen sowie dem ihrer für den gesamten Erdball gültigen Lehre herausgestellt werden.

Eine große Gnade

Es könnte verwundern, dass eine nicht nur beispielhafte, sondern geradezu vollkommene Ordensfrau, wie sie Therese gegen Ende ihres Lebens geworden war, diese zweifache Prüfung an Leib und Seele erdulden musste. Dies umso mehr als ihr von frühester Kindheit an das Leiden nicht erspart geblieben war. Wenn sie auch bezüglich der Leiden des Herzens abgehärtet war, fehlte ihr doch, wie man feststellt, zur intensiveren Teilhabe am Mysterium des Kreuzes, die Erfahrung des körperlichen Leidens, gegen das sie so wenig gewappnet war wie *ein kleines, ein ganz kleines Kind* (CJ 26.8.3; vgl. 11.8.3). Dies war eine menschliche Erfahrung des körperlichen Schmerzes, die sie ihren Brüdern noch näher brachte, insbesondere den „Kleinen", diesen ungezählten Armen, denen die Erleichterungen versagt sind, welche die begüterten oder die einer gehobenen Gesellschaftsschicht angehörenden Menschen sich verschaffen können. Doch gehen diese Leiden und die für sie noch viel schmerzhafteren Leiden ihrer spirituellen „Nacht" auf eine allgemeine Fügung Gottes zurück, der will, dass das Heil durch eine Prüfung erlangt wird, dass das göttliche Leben durch das Sterben sichtbar wird. Therese zitierte ohne Kommentar diesen Vers des heiligen Johannes: *„Wenn das Weizenkorn nicht in die Erde fällt und stirbt, bleibt es allein; wenn es aber stirbt, bringt es reiche Frucht"* (Joh 12,24 in CJ 11.8.2).

Wenn die Prüfung jedoch eine unerlässliche Bedingung für das Wachsen im göttlichen Leben ist, dann ist sie auch eine Art Wahrheitstest, in dessen Verlauf die tieferen Anlagen des Herzens freigelegt werden. Die Heilige Schrift berichtet vom Gold, das durch das Feuer des Schmelzofens von seiner Schlacke befreit wird (vgl. Jes 1,25). Wie der Klang eines Metalls beim Anschlagen auf seine Zusammensetzung schließen lässt, so offenbart die Seele, wenn sie geprüft wird, ihren wahren Charakter, weil die Ausnahmesituation, in der sie sich befindet, sie zwingt, die Maske ihrer „Person" abzulegen, um ihr wahres Gesicht zu zeigen. Normalerweise schenkt die Prüfung mehr Demut, mehr Kraft, mehr Wahrheit und letztlich mehr Liebe (vgl. Röm 5,3). Sie ist also ein Geschenk Gottes. Als solches hat Therese sie auch verstanden, als sie schrieb, dass sie die *Prüfung als große Gnade betrachte* (Ms C, 4v°). Sie war sich darüber im Klaren, dass Gott ihr die Glaubensprüfung auferlegt hatte: *Er will sich verbergen, um meinen Glauben zu prüfen* (P 28, Str. 5). Oder auch: *man könnte meinen, er wolle mir „weismachen", dass es keinen Himmel gibt! ...* (CJ 15.8.7). Kann man all das ermessen, was eine derartige Aussage beinhaltet?

Sie setzt eine genaue Kenntnis des Vorherwissens und der Allmacht Gottes voraus. Wenn Gott derjenige ist, durch den und in dem alles besteht, dann kann nichts von dem, was im Universum oder in der Welt des Bewussten geschieht, ohne seine Kenntnis oder außerhalb von ihm selbst geschehen. Nicht nur eine strenge Logik, sondern auch ein klarer Blick aus dem Glauben hat es Therese erlaubt, ein Wirken Gottes in den kleinen und großen Begebenheiten ihres Lebens zu erkennen. Welch einen Glauben und welch eine Herzensreinheit musste sie doch haben, um diese Wahrheit in all ihrer Härte und ihrer offensichtlichen Unmenschlichkeit mutig anzunehmen, dass nämlich Gott für sie diese Leiden ausersehen hatte! Sie suchte weder nach den gängigen Ausflüchten, noch erlag sie der Versuchung zur Blasphemie, zur Auflehnung oder zur Verzweiflung. *Ja, mein Gott, ich will alles annehmen! ...* (CJ 29.9.11). Von einer außerordentlichen Weisheit geleitet, tauchte sie ganz in das Mysterium der Erlösung ein, ohne die Güte des göttlichen Vaters infrage zu stellen. Sie wusste, dass er nur das Wohl seiner Kinder wollen konnte. Der Anreiz zum Bösen, der ihre Prüfung zur Versuchung werden lies, konnte nicht von Gott kommen, denn Gott „versucht niemanden" (Jc 1,13), sondern von einem anderen, nämlich von seinem *Widersacher*, seinem *Feind* (Ms C, 7r°), dem Dämon, dessen Einmischung sie erkannt hat. Sie fürchtet sich nicht davor, *der kleine Vogel fürchtet sich nicht vor den Geiern, vor den Bildern der*

Dämonen (Ms B, 5v° ; vgl. ebenso CJ 11.9.6; 29.9.3), aber sie fürchtet seine *Arglist* (vgl. CJ 11.9.5), seine *versteckten Fallen* (vgl. CJ 8.7.16; 1.8.2): *Beten Sie fest für mich, damit ich dem Dämon, der mir so viele Lügen einreden will, kein Gehör schenke.* (NPPA, a.a.O. S. 116). Er versucht die Situation bis zum Äußersten auszunutzen, um sie zum Zweifel und zum Tod der Seele zu bringen: *Ich glaube, dass der Dämon den lieben Gott um die Erlaubnis gebeten hat, mich durch ein ganz schlimmes Leiden zu versuchen, damit meine Geduld und mein Glaube schwinden* (CJ 25.8.6).[14]

Es gibt eine Fülle von Aufzeichnungen, in denen die Heilige das üble Tun des Teufels erwähnt: *Der Dämon schleicht um mich herum, ich sehe ihn nicht, aber ich spüre ihn... er belästigt mich, er hält mich wie mit eiserner Hand, um zu verhindern, dass ich auch nur ein klein wenig Ruhe finde, er verstärkt meine Qual, damit ich verzweifle ... Und ich kann nicht beten! Ich kann nur zur Muttergottes aufblicken und sagen: Jesus! ... Wie nötig ist doch das Gebet aus der Komplet: „Procul recedant omnia et noctium phantasmata!" Erlöse uns von den Wahngebilden der Nacht* (DE/G 16.8; vgl. DE I, S. 539).

Ja, Gott ist es, der ihr die Glaubensprüfung im eigentlichen Sinn des Wortes auferlegt hat. In der *Legende von einem ganz kleinen Lamm* erklärt Therese Mutter Marie de Gonzague, dass der Hirte die Prüfung nicht nur zulässt, nein, er will sie vielmehr: *ich habe die große Prüfung, die sie so sehr leiden lässt, nicht zugelassen, ich habe sie gewollt* (LT 190

---

14 In einem Jeanne d'Arc gewidmeten Theaterstück verweist sie auf *die Macht Satans, eines anderen Goliath, der den Glauben der ältesten Tochter der Kirche auslöschen möchte* (RP 3).

vom 29. Juni 1896). Gott ist der Herr. Er begnügt sich damit zu schweigen, aber, wie wir bereits gesehen haben, gibt er Therese insgeheim die Kraft durchzuhalten. Er ist da, in ihrem Herzen. Die Gedanken des Zweifels, das Übermaß ihres körperlichen Leidens und tausend andere Aufforderungen zur Verleugnung kommen vom Dämon. Therese hat diesen Unterschied zwischen Prüfung und Versuchung sehr klar erkannt. Sie weiß, dass sie selbst ihre Wahl immer wieder frei zu treffen hat. Das erwartet Gott von ihr, und das ist eine ganz besondere Gnade: *„Herr, du erfüllst mich mit FREUDE durch ALLES, was du tust"* (Ps 91,5 in Ms C, 7r°; CJ 13.7.16). Therese unterstrich das Wort „alles". Im Juni 1897 schrieb sie diesen Vers auf eine Seite des Evangeliums, das sie immer bei sich trug und in das sie mit ihrem Blute das Credo geschrieben hatte (vgl. oben, S. 58, Anm. 11).

Persönliche Läuterungen

Wenn der Dämon in einem gewissen Maße ihr gegenüber im Vorteil war, wenn ihre Prüfung durch die Versuchung bei ihr eine solche Erschütterung auslöste, dann muss doch ihr Schutzmantel einige Schwachstellen gehabt haben.

Man möchte von vornherein annehmen, dass die Versuchungen, die von dem ausgehen, was die Heilige Schrift „das Fleisch und die Welt" nennt, d. h. von der Neigung, die den Menschen dazu bringt, alles nach rein irdischen Maßstäben zu beurteilen und alles auf sein Ich als dem einzigen Mittelpunkt zu beziehen, ihr nichts anhaben konnten. Wir wissen, wie sehr sie von Gott buchstäblich „besessen" war, wie Schwester Marie du Sacré-Coeur es ihr so schön schrieb (LC 170 vom 17. September 1896). Sie erklärte selbst, sie sei *an die Güter des Geistes und des Herzens nicht mehr gebunden als an die Güter der Erde* (Ms C, 19r°) Aber das war im Juni 1897, drei Monate vor ihrem Tod. Sie hatte fast ihren gesamten Weg zurückgelegt und eine entscheidende Etappe hinter sich gebracht, aber sie hatte noch den letzten Schritt zu tun.

Es fällt uns nicht schwer zu glauben, dass sie sich von den materiellen Gütern seit langem völlig gelöst hatte. Ihre Verwundbarkeit musste also bei den so genannten geistigen Gütern zu suchen sein. Diese sind zunächst natürlicher Art: Ansehen, Ruf, Ehre, Wissen, Bildung, Zuneigung, Freundschaft usw. Sie sind gewiss wertvoll, sogar notwendig in diesem Leben, aber sie können für die vollkommene Vereinigung mit Gott zum Hindernis werden, insofern sie der Liebe, die vor allem Gott gelten soll, eine Grenze setzen, eine Bremse ziehen.

Die geistigen Güter übernatürlicher Art heißen Freude, Erleuchtung, Geschmack oder im Gebet, während der Gottesdienste oder bei anderen Gelegenheiten gefundene „Zufriedenheit", die der heilige Paulus die „geistige Milch" nennt, die Gott schenkt, um die Seele für die Nachfolge zu kräftigen. Diese Güter stellen Schätze dar, an die man sich nur allzu leicht klammert, um ganz allein Gott zu suchen, weil sie eng mit der Person, mit ihrer sowohl menschlichen als auch übernatürlichen Erfahrung verbunden sind. Aber, so warnt der heilige Johannes vom Kreuz, „es ist eine schwere Sünde, den Gütern Gottes mehr Beachtung zu schenken als Gott selbst" (Maxime 190). Es gibt keine freiwillige Askese, und sei sie noch so streng, und keine natürliche Großherzigkeit, die mit der heimlichen und schleichenden Freude, die die Seele dabei findet, fertig wird. Deshalb, so belehrt uns der heilige Johannes vom Kreuz weiter, muss Gott eingreifen, um durch die für Sinne und Geist leidvollen Nächte diese endgültige Läuterung vorzunehmen.

Jede Prüfung durch die Versuchung hat somit eine läuternde Funktion, die je nach der Person verschiedene Formen haben kann. Die Personen, die Gott näher stehen und denen er eine bedeutende Sendung in der Kirche zuweist, müssen eine Nacht durchstehen, deren Intensität und Tiefe an das Leiden Christi erinnern. Dies war bei Therese der Fall. An dieser Stelle sei nochmals erwähnt, dass wir das, was die Diener Gottes in einer solchen Situation erleiden, niemals erfassen können. Deshalb müssen wir uns mit Bedacht und Respekt mit diesem Mysterium befassen. Wir können nur Annäherungen versuchen, Hypothesen aufstellen zu dem, was Gott und Therese uns als Geheimnis hinterlassen.

Menschliche Anregungen aus ihrem Glauben

Als Ausgangspunkt wollen wir ein Geständnis der Heiligen selbst nehmen. Zu ihrer Glaubensprüfung schreibt sie: *Jetzt nimmt sie mir alles, was ich an natürlicher Befriedigung in der Sehnsucht nach dem Himmel hätte finden können. ...* (MS C, 7v°). Halten wir zunächst fest, dass sie sagt *Jetzt nimmt sie*, und nicht *sie hat genommen*. Das heißt, dass die läuternde Wirkung in dem Augenblick, in dem sie schreibt, nämlich im Juni 1897, anhält. Danach scheint sich alles auf ihre Sehnsucht nach dem Himmel zu beziehen. Was war denn an dieser so heiligen, offensichtlich von Gott inspirierten Sehnsucht unvollkommen? Hier spielte, so sagte sie, eine gewisse *natürliche Befriedigung* mit. Was war das für eine allzu natürliche Einwilligung, deren sie sich anklagt? Vielleicht führt sie uns zu einer ersten Antwort, wenn sie uns ihre Versuchungen durch die Zweifel beschreibt: *schon seit meiner Kindheit war ich sicher, dass ich mich eines Tages weit vom traurigen und finsteren Land entfernen würde; zum einen glaubte ich es, da ich es von Leuten hörte, die klüger waren als ich, zum anderen spürte ich auch im Innersten meines Herzens eine Sehnsucht nach einem schöneren Land* (Ms C, 6v°). Wir erkennen hier das Grundelement des Glaubens: die als Geschenk empfangene Gewissheit. Sie fügt hinzu, dass diese Gewissheit nicht nur bestätigt wurde durch den Glauben von *Personen, die klüger waren* als sie selbst, sondern auch durch eine *Sehnsucht*, die sie *im Innersten ihres Herzens spürte*. Sie greift auf dasselbe Verb „spüren"[15] zurück, wenn sie einen Vergleich zieht zu Christoph Columbus, der die Existenz der Neuen Welt schon vorher spürte: *Ich spürte, dass mir eines Tages ein anderes Land eine bleibende Statt bieten würde* (Ms C, 6v°). Eine eingehende Untersuchung dieses gängigen Ausdrucks aus dem theresianischen Wortschatz zeigt, dass er eine sinn-

---

[15] Wir begegnen diesem Verb annähernd 160 Mal in den Handschriften, mehr als 130 Mal in den Briefen und mehr als 40 Mal in den Gedichten und Theaterstücken.

lich wahrnehmbare oder eine spirituelle Realität beschreibt. Ob diese nun natürlich oder übernatürlich oder beides zugleich ist, ist schwer zu sagen. Formulieren wir es so: das theresianische „Spüren" ist ein Empfinden, ein Fühlen oder eine Intuition. Mit einem Wort: es drückt eine Erfahrung aus.

Ihr Glaube war also durch eine gewisse Erfahrung der Wahrheit, die sie glaubte, gestützt. *Ich* glaubte, *ich* spürte, *dass es* einen Himmel *gibt* (Ms B, 2v°). Die Wörter wurden von ihr selbst unterstrichen, und die Reihenfolge ist bezeichnend.

Nun steht aber der Glaube als solcher jenseits des Spürens. Er beruht einzig und allein auf dem Wort Gottes. Es kommt aber fast immer wieder vor, dass wir über dieses wesentliche Motiv hinaus, ohne das unser Glaube nicht übernatürlich wäre, auch glauben, weil *kluge Leute* glauben, weil wir einer Familie oder einem christlichen Milieu angehören, weil uns dies als die beste, die sicherste Wahl erscheint, weil dies uns herzerfrischende Freude bereitet oder aus anderen rein menschlichen Motiven. Hier handelt es sich um Unvollkommenheiten, die mit jenen Pfählen zu vergleichen sind, die eine junge Pflanze stützen, bis diese in der Lage ist, aus eigener Kraft aufrecht zu stehen. Gott will diese Pfähle entfernen; deshalb fordert er uns durch die Ereignisse in unserem Leben auf, uns nach und nach nur auf ihn zu stützen. Aber wegen unserer Schwachheit führt er diese Prüfung sehr oft nicht bis zum Ende durch. Bei Therese hat er es getan, als sie in der Lage war, in einem starken und von jeglicher Unreinheit befreiten Glauben festzustehen: *Er hat mir diese Prüfung erst in dem Augenblick auferlegt, als ich die Kraft hatte, sie durchzustehen* (Ms C, 7v°). Die *natürliche Befriedigung*, die ihr durch ihre Prüfung genommen worden war, ist wahrscheinlich jene *übergroße Freude*, die sie in ihrem so *lebendigen und so klaren Glauben* fand (Ms C, 5r°). Sie sagt es in der Tat sehr deutlich: *trotz dieser Prüfung, die mir jede Freude nimmt.* (Ms C, 7r°). Wir wissen, dass Thereses Seelenzustand im allgemeinen die Nüchternheit war. Somit muss ihre *Freude aus dem Glauben* zweifellos aus den „Beweisen" gekommen sein, die auf die Wirksamkeit ihrer Gebete zurückzuführen waren. Bis dahin hatte sie tatsächlich erlebt, dass all ihre heiligen Wünsche in wirklich außergewöhnlicher Weise in Erfüllung gingen: *Er wollte nicht, dass sich auch nur einer meiner Wünsche nicht erfüllte* (Ms A, 81r°). Ihr letzter Wunsch war Célines Eintritt in den Karmel (vgl. Ms A, 82r°), dann ihre Profess und ihre Einkleidung am 24. Februar und am 17. März 1896. Bei dieser Gelegenheit sagte Therese zu Mutter Agnès: *wenn ein kaum ausgesprochener Wunsch so großzügig erfüllt wird, dann ist es unmöglich, dass alle meine großen Wünsche, über die ich so oft mit dem lieben Gott spreche, nicht ausnahmslos erhört werden* (CJ 16.7.2). Man darf sagen, dass in dieser Hinsicht für sie das Übernatürliche etwas Natürliches geworden war.

Zwei Wochen nach diesem letzten „Beweis aus der Erfahrung" für die Existenz des Himmels, stößt sie ganz plötzlich an Gottes *Mauer* des Schweigens. Von nun an muss sie ihren Glauben ohne jede Tröstung leben.

Lassen diese Feststellungen uns den Schluss ziehen, dass die *natürliche Befriedigung*, die Therese in ihrer Sehnsucht nach dem Himmel empfand, aus einer allzu menschlichen Vereinnahmung dieser Erfahrung resultierte oder aus einer unbewussten Selbstzufriedenheit, sich von Gott erhört und zärtlich geliebt zu wissen? Wir wagen es nicht, dies zu behaupten, allenfalls die Hypothese aufzustellen.

Das ungeduldige Warten auf den Tod

Vielleicht finden wir eine uns eher zufrieden stellende Antwort in dem, was man ihr „ungeduldiges Warten auf den Tod" nennen kann. Sie wünscht sich nicht den Tod herbei, um den physischen Qualen, denen sie ausgesetzt ist, zu entgehen, auch nicht um dem Lebenskampf zu entfliehen, sondern weil sie von der glühenden Sehnsucht nach dem Himmel verzehrt wird. Um das zu erreichen, wonach ihr ganzes Wesen strebt, muss sie sterben. „Niemand kann Gott sehen, ohne zu sterben" (Ex 33,20). Somit ist ihre Todessehnsucht nur die andere Seite ihrer Sehnsucht nach dem Himmel. Man mag einwenden: Was gibt es Heiligeres als die „glückselige Begegnung" mit Gott? Gewiss, aber zu wünschen, dass der Zeitpunkt vorverlegt werde, hieße doch, durch ihr menschliches Wollen in eine Entscheidung eingreifen, die nur Gott zusteht. Wenn die Sehnsucht nach Gott eine legitime Ungeduld, ihn zu sehen, mit sich bringt, dann muss der Wunsch zu sterben dieser untergeordnet werden, denn die Liebe, die ihr zugrunde liegt, lässt wünschen, was der Geliebte will, wie er es will, wann er es will. In Thereses Todessehnsucht erkennen wir aber eine gewisse mehr oder weniger bewusste Ungeduld, die sie aufgrund der langen Dauer ihrer Prüfung und des unvorhergesehen Verlaufs ihrer Krankheit unterdrücken muss, um sich gänzlich dem Willen Gottes zu überlassen. Wir haben als Beweis ihre übersprudelnde Freude, *bald* (Jesus) *im Himmel zu sehen...* (Ms C 4v°), und ferner ihre Fröhlichkeit, als sie die pessimistischen Bemerkungen der Ärzte über ihre Krankheit hört (vgl. CJ 30.8.3; 31.8.4). Diesen Augenblicken heiliger Entzückung folgten Depressionen, die durch die Enttäuschung, dass der Zeitpunkt auf unbestimmte Zeit hinausgeschoben wurde, hervorgerufen wurden: *Ich werde bald sterben; aber wann? Oh! wann?... Es geschieht nichts! Es geht mir wie einem kleinen Kind, dem man immer ein Plätzchen verspricht: man zeigt es ihm von fern; und wenn es dann näher kommt, um es zu nehmen, weicht die Hand zurück ...* (CJ 21/26.5.2). Den gleichen Gedanken der enttäuschten Erwartung finden wir in den Vergleichen mit dem *Lotterielos* (CJ 27.5.8), mit *Robinson Crusoe,* der ein *Schiff* erwartet, das einfach nicht kommt (CJ 6.8.2), mit dem verpassten *Zug* (CJ 9.6.5), mit dem ständigen *Abrutschen am Klettermast* (CJ 9.6.5). Vergeblich schärft sie sich ein, nur das zu wollen, was Gott will, und beteuert, sogar bereit zu sein wieder zu genesen, dennoch verkraftet sie gut den Schock, als Dr. La Néele eine vorhergehende Diagnose widerruft und zu ihr sagt: „Sie sind wie ein Schiff, das weder vorwärts noch rückwärts segelt." „Sie war zunächst verblüfft," bemerkt Mutter Agnès. *Sie haben's gehört, wie das hin und her geht!* (CJ 5.9.4) sagte sie zu mir. Am nächsten Tag bat Therese, was selten vorkam, um Trost: *Sagen Sie mir nach dem, was ich gestern erlebt habe, ein paar liebe Worte.* (CJ 6.9.1).

Als einige Tage später Dr. de Cornière sich über ihren Zustand bestürzt zeigt, drückt sie ihre Enttäuschung mit der folgenden Bemerkung aus: *Ich bin ein wenig daran gewöhnt, sie sagen etwas und widerrufen es!* (CJ 10.9.1). Sie hat diese Ungewissheit noch nicht ganz akzeptiert, denn sie ist erst *ein wenig daran gewöhnt!* Sie hat nur noch 20 Tage zu leben. Wir müssen festhalten: Wenn ihr seit Anfang September ihre schließlich geläuterte Sehnsucht nach dem Himmel auch keine *lebhafte und überschwängliche Freude* (CJ 4.9.6) mehr bereitet, so gelangt sie doch erst an ihrem Todestage zu einer vollkommenen Gelassenheit, die ein Hinweis auf die endlich erlangte Freiheit gegenüber ihrem Tod ist. Am 30. September 1897 ruft sie aus: *Ich glaube nicht mehr an den Tod für mich ... Ich glaube nur noch an das Leiden. Nun denn, umso besser!*

Man muss schon staunen über diese hartnäckige kleine Unvollkommenheit in ihrer Sehnsucht nach dem Himmel, denn man kennt doch Thereses beständigen Eifer und ihr pausenloses Bemühen, dem, was Gott mit ihr vorhat, peinlich genau nachzukommen. Der so beharrliche aus ihrer natürlichen Veranlagung erklärliche Widerstand zeigt, wie tief ihre Gottessehnsucht in ihrem Herzen und ihrem Empfinden verwurzelt war. Wir sehen, wie die legitimsten von Gott eingegebenen Veranlagungen überlagert und manchmal sogar völlig verändert werden können durch ein heimliches Streben nach *natürlicher Befriedigung.*

Das Sterben eines jeden Menschen ist eine vielschichtige und geheimnisvolle Realität. Wie soll man den Sinn des Sterbens, im Besonderen bei Therese, ergründen? Wenn unsere Studie vollständig sein soll, muss sie in jedem Fall noch ein paar weitere Eindrücke vom Sterben der Heiligen wiedergeben. Denn auch hierbei war sie durch die Ereignisse gezwungen, ihre Auffassungen zu ändern. Anfänglich hatte ihr ein Märtyrertod vorgeschwebt. *Der Märtyrertod war der Traum meiner Jugend. Dieser Traum ist mit mir im Kreuzgang des Karmels gewachsen...* (Ms B, 3r°). Sie dachte an ein Blutzeugnis, vergleichbar dem der Karmelitinnen von Compiègne, die sie bewunderte und beneidete.[16] *Er schien uns schon dem Märtyrertod entgegen zu schweben. ...* (LT 192 vom 16. Juli 1896). Sie stellte sich vor, dass in Frankreich in jener Zeit, die die Historiker „die radikale Verfolgung" nannten, wieder Schafotte errichtet würden.[17] Mit einem Anflug von Melancholie bemerkte

---

[16] „Am 17. Juli 1894," bezeugt Schwester Thérèse de St. Augustin anlässlich des 100. Todestages der seligen Karmelitinnen von Compiègne (...) „war ich Zeuge des Eifers und der Hingabe, die (Schwester Therese vom Kinde Jesus) in dieser Lage zeigte. Sie war außer sich vor Freude: Welch ein Glück wäre es doch, sagte sie zu mir, wenn wir dasselbe Schicksal erlitten! Welch eine Gnade!" (PO, 583r°/v°, S. 401) Vgl. ebenso DE I, S. 479, Anm. c. – „Als der Bluthusten einsetzte, freute sich bei dem Gedanken, dass sie ihr Blut für den lieben Gott vergoss," vermerkte Schwester Geneviève (DE I, S. 620 und PO, 399r°, S. 307). Und Schwester Marie de la Trinité erklärte: „Wir sprachen eines Tages von der Glückseligkeit der Märtyrer und über unsere Hoffnung, im Zuge der Kirchenverfolgung auch den Märtyrertod zu erleiden. Sie sagte zu mir: Was mich betrifft, so übe ich mich bereits darin, mit Freude zu leiden; wenn wir uns z.B. zur Sühne geißeln, dann stelle ich mir vor, ich werde meines Glaubens wegen von den Folterern geschlagen (...). Ein anderes Mal kam sie ganz strahlend zu mir und sagte: Unsere Mutter hat mir gerade von den Verfolgungen berichtet, denen überall die Ordensgemeinschaften ausgesetzt sind... Welch eine Freude! Der liebe Gott wird den schönsten Traum meines Lebens Wirklichkeit werden lassen! ... Wenn ich bedenke, dass wir im Zeitalter der Märtyrer leben! ... Ach! Machen wir uns doch keine Sorgen mehr wegen der kleinen Nöte des Lebens, bemühen wir uns doch, sie ergeben zu ertragen, um eine so große Gnade zu verdienen!" (PO, 1083v°, S. 463)

sie: *Wie kann ich denn, da ich mir doch den Märtyrertod wünschte, in einem Bett sterben?* (CJ 4.8.7).

Sie wünschte sich das *Martyrium der Liebe*, und es sollte ihr gewährt werden. Nicht auf spektakuläre Weise, nicht nach der vom heiligen Johannes vom Kreuz beschriebenen Art. So wünschte sie es sich nicht, das hätte nicht zu ihrem *kleinen Weg* gepasst (vgl. CJ 4.6.1). Also nicht im *Liebestaumel: Aus Liebe sterben, heißt nicht im Taumel sterben* (CJ 4.7.2). Aber sie behauptet doch noch: *Die Liebe wird das Gewebe meines Lebens nicht durchscheuern, sie wird es plötzlich zerreißen* (CJ 27.7.5). Tatsächlich musste sie die Erfahrung des Todeskampfes machen. *Man hatte mir aber doch gesagt, ich brauchte keinen Todeskampf durchzumachen! ...* (CJ 14.9.3). Ihr Tod trat tatsächlich erst nach einem 37-stündigen *ganz echten Todeskampf* ein, *ohne jede tröstende Linderung* (CJ 30.9).

Das Sterben eines Menschen, so haben wir festgestellt, kann durch keine Studie vollständig erforscht werden. Belassen wir es dabei. An diesem Punkte unserer Untersuchungen angekommen, bemerken wir, dass die Prüfung, die bei Therese darauf abzielte, ihre Sehnsucht nach dem Himmel von einer *natürlichen Befriedigung* zu reinigen, ihre Hoffnung ebenso wie ihren Glauben betraf. Nun wissen wir aber, dass die drei göttlichen Tugenden nach Péguy „wie Schwestern" zusammengehören.[18] Dieser Hinweis gibt uns den Anstoß, nachzuforschen, ob es in ihrer Nächstenliebe möglicherweise ein ähnliches Streben nach Vollkommenheit gab.

---

17 Vgl. A. LATREILLE, R. RÉMOND, Histoire du catholicisme en France, Bd. III, La période contemporaine, Spes 1962, S. 487f.
18 Le Porche du mystère de la Deuxième Vertu, in Oeuvres complètes, Bd. V, NRF 1918, S. 268

Geschwisterliche Liebe

In der Persönlichkeit der Heiligen gibt es in der Tat einen Bereich, in dem sie noch hätte Fortschritte machen können. Dieser war lange ihre schwache Stelle gewesen: die Gemütserregbarkeit. Sie berichtet von ihren heroischen und stillen Kämpfen, um ihr natürliches Bedürfnis nach Zärtlichkeit und Anerkennung, ihre übergroße Empfindsamkeit zu unterdrücken. Sie hatte es durch schmerzlichen Verzicht zu einer großen Herzensoffenheit gebracht, und ihre Nächstenliebe war stark gewachsen. Es blieb ihr aber noch ein entscheidender Schritt zu tun, nämlich *in die geheimnisvollen Tiefen der Nächstenliebe einzudringen.* (Ms C, 18v°). Diese Gnade war ihr höchst wahrscheinlich während ihrer Glaubensprüfung als deren Frucht gewährt worden. So schrieb sie im Juni 1897: *In diesem Jahr hat die Gnade des lieben Gottes es mir ermöglicht, zu verstehen, was Nächstenliebe ist; ich verstand es zwar schon vorher, aber nur unvollkommen* (Ms C, 11v°). Mit *in diesem Jahr* meint sie wohl die zurückliegenden Monate des Jahres 1897. Weiter unten wird sie deutlicher: *seit einigen Monaten brauche ich nicht mehr zu kämpfen, um diese schöne Tugend zu üben* (13v°). Sie erklärt, dass sie bisher versucht hatte, ihre Schwestern wie sich selbst zu lieben, indem sie sich bemühte, in ihnen Jesus zu sehen. Aber sie bemerkt, dass diese Liebe *unvollkommen* ist (Ms C 12r°), weil wir uns schlecht lieben. Daher hat Jesus uns ein neues Gebot gegeben: wir sollen den Nächsten so lieben, *wie er, Jesus, ihn geliebt hat* (Ms C, 12v°). Das ist nur unter der Bedingung möglich, dass wir es Jesus ermöglichen, den Nächsten durch uns und in uns zu lieben: *Ja, ich spüre es, wenn ich Nächstenliebe übe, dann handelt ganz allein Jesus in mir; je inniger ich mit ihm vereint bin, desto mehr liebe ich auch alle meine Schwestern* (Ms C, 12v°). Während jener unbarmherzigen Seelennacht, die sie seit einem Jahr durchlebte, sind mit dieser Vertiefung der Nächstenliebe nun die letzten Reste ihrer Empfindlichkeit verschwunden.

Sie ist sich dieser Läuterung ihrer natürlichen Liebe bewusst geworden, denn sie schreibt: *Ich fühle nicht mehr die Notwendigkeit, mir alle Tröstungen des Herzens zu versagen, denn meine Seele ist gefestigt durch den, den ich einzig und allein lieben wollte.* (Ms C, 22r°). Beachten wir, dass sie nicht zögert zu schreiben *ALLE Tröstungen des Herzens!* Und sie verzichtete auch nicht darauf. War sie bis dahin überaus zurückhaltend, so verhielt sie sich fortan ganz anders. Mutter Marie de Gonzague und ihre Schwestern erfreuten Therese *durch ihre Liebe und ihr Vertrauen*, und sie selbst gab ihnen durch Worte und Taten Beweise der Zuneigung. Ein merkwürdiges Beispiel unter anderen ist uns von Mutter Agnès überliefert.[19] Diese so deutliche Verhaltensänderung lässt sich nur ungenau zeitlich einordnen. Sie scheint jedenfalls ab April 1897 auffälliger zu werden, und dies nicht nur für ihre unmittelbare Umgebung. So schrieb sie etwa an ihren geistlichen Bruder, den Abbé Bellière, den sie bisher mit einem höchst ehrerbietigen

---

19 Mutter Agnès erzählte gern in vertrautem Kreis, was Therese so getan hatte. Mit bloßem Fuß streichelte sie das Gesicht ihrer Schwester, die auf einem niedrigen Stuhl am Fußende ihres Bettes saß. Vgl. DE I, S. 478, Anm. in 16.7.5.

Herr Abbé angeredet hatte (LT 198 vom 21. Oktober 1896; LT 213 vom 26. Dezember 1896; LT 220 vom 24. Februar 1897), jetzt *Mein lieber kleiner Bruder* (LT 224 vom 25. April 1897), dann *lieber kleiner Bruder meiner Seele*, und schloss sogar einen ihrer letzten Briefe mit folgenden Worten: *Gott befohlen, mein lieber und vielgeliebter Bruder* (LT 258 vom 16. Juli 1897).

Man darf diese etwas lockeren Formulierungen nicht auf die zunehmende Schwäche einer Schwerkranken zurückführen, die sich aufgegeben und dem Ende nahe weiß. Der feste Wille und die Wachsamkeit ebenso wie die geistige Klarheit zeigten bei Therese bis zum Ende keinerlei Schwäche. Im Übrigen empfahl sie den anderen Schwestern auf diesem Gebiet größte Vorsicht (vgl. 8.7.16). Die Ursache dieser Veränderung liegt bei Therese in einer Erweiterung ihres Herzens, die auf der vollen Entfaltung der Nächstenliebe beruhte. Es ist bezeichnend, dass sie zweimal mit einer Art Verwunderung diese Veränderung ihrer Empfindungen erwähnt: *Wenn sich das Herz Gott schenkt, verliert es nicht seine natürliche Zärtlichkeit; diese Zärtlichkeit wächst vielmehr und wird reiner und göttlicher* (Ms C, 9r° ; vgl. 21v°). Sie scheut sich nicht zu bekräftigen: *Du weißt, o mein Gott, ich habe immer nur gewünscht, dich zu lieben, ich strebe nach keinem anderen Ruhm. Deine Liebe hat mich von Kindheit an begleitet, sie ist mit mir gewachsen, und jetzt ist sie so stark, dass ich sie nicht messen kann* (Ms C, 34v°/35r°). Wenn man sich gedanklich in Thereses *Martyrium der Liebe* vertieft, in ihre Hingabe als *Brandopfer an die Barmherzige Liebe*, an dieses Aufgehen in der grenzenlosen Nächstenliebe, dann kommt man zu dem

Schluss, dass ihr zweifaches Martyrium *des Leibes und des Herzens* (Professanzeige, 8. September 1890) letztlich zum Ziel hatte, sie dazu zu bringen, *sich schnell in der Liebe zu verzehren* (CJ 31.8.9).

Der apostolische Geist

Die Intensität und das Ausmaß der Prüfung Thereses sind nicht ausschließlich damit zu erklären, dass sie einer persönlichen Läuterung bedurft hätte. Ihre eigentliche Bedeutung liegt in der weltweiten apostolischen Sendung, die ihr Gott zugeteilt hatte. Eine ihrer letzten Aussagen legt das eindeutig dar: *Ich hätte niemals gedacht, dass es möglich wäre, so viel zu leiden! niemals! niemals! Ich kann mir dies nur erklären aus meinem sehnlichen Wunsch, Seelen zu retten* (CJ 30.9).

Das Leiden ist eine weit verbreitete menschliche Realität. Es betrifft alle Menschen gleich welchen Alters, gleich welcher Rasse oder Religion und schafft so jenseits der Worte eine Gemeinschaft, die alles Verstehen übersteigt. Therese hat diese lebensentscheidende Solidarität auf außergewöhnliche Art erlebt. *Von Kindheit an* und während ihres ganzen Lebens hat sie *viel gelitten* (Ms C, 4v°) und musste bis zu ihrer letzten Stunde leiden. Es ist hier nicht unsere Aufgabe, diesen Weg nachzuzeichnen.[20] Wir wollen lediglich festhalten, welchen Sinn und wel-

---

[20] Vgl. Mgr. COMBES, Sainte Thérèse de l'Enfant Jésus et la souffrance, Vrin 1948

chen Wert sie schon sehr früh dem Leiden beimaß; es war zunächst ein Zeugnis, gleichzeitig aber auch ein Mittel, um in der Liebe zu wachsen. Und dann eine Möglichkeit, ja sogar das Privileg, mit Christus für das Heil der Seelen zusammenzuarbeiten: *Ich sehe, dass nur das Leiden die Seelen hervorbringen kann* (Ms A, 81r°).

Die Heilige fühlte sich solidarisch mit all denen, die sie die *kleinen Seelen* nannte, mit denen, die an ihrem Elend, an ihren Sünden litten, an ihrer naturgegebenen Unfähigkeit, Gutes zu tun und sich zu den Gipfeln der Heiligkeit aufzuschwingen; mit den Namenlosen, den schwach Begabten, die weder Ansehen genießen noch beachtet werden, die ohne Tröstung, ohne Mut, ohne Freude kämpfen, um den Lauf gemäß ihrer Bestimmung als Menschen und Christen zu vollenden.

Schon lange bevor sie ihren *kleinen Weg* entdeckt und sich den *kleinen Seelen* zugewandt hatte, hatte sie sich zum Fürsprecher der Sünder gemacht. Von Anfang an hatte sie an die *größten Sünder* (vgl. Ms A, 45v°), an die *Verbrecher* vom Schlage eines Pranzini gedacht, weil diese ihr am weitesten von Gott entfernt, am ehesten von der ewigen Verdammnis bedroht schienen. Allerdings wollen wir anmerken, dass sie mehr beunruhigt war aus Liebe zu dem vergessenen und beleidigten Jesus, den sie trösten wollte, als wegen der Sünder selbst. Wenn sie betete und ihre Qualen für sie aufopferte, dann geschah dies vor allem, damit Christi Blut nicht umsonst vergossen ist und auch um durch die Rettung der Seelen den Durst des Gekreuzigten zu stillen: *es schien mir, als könnte ich so seinen Durst stillen, und je mehr ich ihm zu trinken gab, umso mehr verstärkte sich der Durst meiner kleinen Seele, und diesen unbändigen Durst gab er mir als das köstlichste Getränk seiner Liebe ...* (Ms A, 46v°). Sie versetzte sich in dieselbe Situation beim Bekenntnis ihres Glaubens. Immer geht es vor allem darum, Jesus *Freude zu machen, ihn zu trösten* (Ms A, 73,v°).

So nahm die Liebe zu Jesus im Herzen Thereses den ersten Platz ein, und diesen behielt sie immer, aber indem sie wuchs, gab sie ihrer Wirkung auf die Seelen einen offeneren und gleichzeitig selbstloseren Zug, man könnte sagen ein ureigenes Wesen. Obwohl es gewagt und vielleicht verwegen ist, in der Erforschung eines Gewissens so weit zu gehen, so ist, wie es uns scheint, zwischen Therese und den Seelen, für die sie betet, doch eine ‚Distanz' zu erkennen. Gewiss ist für sie der Sünder kein unbestimmtes Wesen. Ihre erste Eroberung, Pranzini, hat es ihr zweifellos leicht gemacht, sich ein Gesicht, eine Person vorzustellen und mit dieser sogar in direkter Verbindung zu stehen. Betrachtete sie diesen *Verbrecher* nicht als ihr *erstes Kind?* (Ms A, 46v°). Ihrem Realismus waren die allgemeinen Darstellungen, die keinen Zugriff auf den Geist erlauben und keine Willensanstrengung bewirken können, zuwider. Trotz dieser wirklich existierenden Beziehungen zwischen ihr und den Sündern erschienen ihr diese noch als Opfergaben, als „Eroberungen", die Jesus ihr ermöglichte, um sie ihm darzubringen als *Gegenleistung für seine Liebe; den Seelen schenkte ich das Blut Jesu, und Jesus opferte ich diese Seelen* (Ms A, 46v°).

Das Bewusstsein, zu den Gerechten zu gehören

Die Sünder gehörten zu einer Welt, die ganz gewiss nicht Thereses Welt war. Durch ihr Milieu lebte Therese, ohne es zu wissen, in der Gedankenwelt von Rechtschaffenen, die die Menschen in zwei Kategorien einteilte, in die Gerechten und die Sünder. Diese Auffassung war noch stärker bei geweihten Seelen, deren wesentliches Anliegen es war, für das Heil der Seelen zu beten und sich für diese aufzuopfern, insbesondere im Karmel von Lisieux, der noch unter dem Einfluss des Kardinals Bérulle stand. Wir finden einen Hauch dieses Bewusstseins, zu den Gerechten zu gehören, in einer Äußerung Thereses gegenüber ihren Schwestern: *Wir dürfen, ohne uns zu rühmen, sagen, dass uns ganz besondere Gnaden und Erkenntnisse zuteil wurden. Wir sind in der Wahrheit; wir sehen die Dinge in ihrem wahren Licht* (CJ 9.5.1). Damit wird gesagt, so möchten wir hinzufügen: die anderen nicht!

Wir müssen zugeben, dass es für sie selbst Gründe gab, die sie in dieser Überzeugung bestärkten. Ein tüchtiger Beichtvater, Pater Pichon, hatte zwei Monate nach ihrem Eintritt in den Karmel zu ihr gesagt: *„In Gegenwart des lieben Gottes, der Muttergottes und aller Heiligen erkläre ich, dass Sie niemals auch nur eine einzige Todsünde begangen haben"* (Ms A, 70r°). Wie hätte sie über eine so tröstliche Versicherung hinweggehen können? Sie sprach oft und gern darüber (vgl. CJ 4.7.4; 11.7.6). Wir wollen aber nicht versäumen, anzufügen, dass sie keineswegs die Selbstgefälligkeit des Pharisäers teilte. Pater Pichon hatte ferner erklärt: *„Danken Sie dem lieben Gott für das, was er für Sie tut, denn, wenn er*

Sie im Stich ließe, wären Sie kein kleiner Engel, es würde vielmehr ein kleiner Teufel aus Ihnen" (Ms A, 70r°). Es besteht kein Anlass, an ihrer Aufrichtigkeit zu zweifeln, wenn sie diese Ermahnung kommentiert. *Ah! es fiel mir nicht schwer, ihm zu glauben; ich spürte, wie schwach und unvollkommen ich war* (a.a.O.). Ihre Herzensreinheit und ihre zarte Liebe erlaubten ihr zu verstehen, wie weit sie von der Heiligkeit Christi entfernt war. Sie betrachtete sich wirklich als *eine kleine Seele* mit vielen Fehlern und Unvollkommenheiten, aber doch nicht als eine Sünderin! Dies hätte der Wahrheit, die sie so sehr schätzte, nicht entsprochen; genauer gesagt, nicht dem entsprochen, was sie als Wahrheit empfand, als sie zum Beispiel an Céline schrieb: *Aber sie ist schließlich nicht dem verlorenen Sohn gleichzusetzen* (LT 142 vom 6. Juli 1893). So betrachtete sie sich als *eine reine Seele*, die sich vorgenommen hatte, noch mehr zu lieben *als eine reuige Seele* (Ms A, 39r°).

Sie war somit davon überzeugt, dass die Atheisten sich aus freiem Willen weigerten, den Glauben anzunehmen: *es wollte mir nicht in den Kopf, dass es ungläubige Menschen gibt, ich nahm an, dass sie wider besseres Wissen sprechen, wenn sie die Existenz des Himmels leugnen* (Ms C, 5v°). Es gab folglich zwischen ihr und ihnen die ungeheuer große Kluft, wie sie zwischen der Anhänglichkeit des Gläubigen an den *lebendigen und strahlenden Glauben* einerseits und der schuldhaften Zurückweisung durch die *Seelen, die den Glauben durch Veruntreuung der Gnaden nicht besitzen*, andererseits besteht (a.a.O.).

Im Bewusstsein der Sündhaftigkeit

Diese scharfe Unterscheidung verflüchtigte sich während der schmerzhaften Prüfung durch ihre Versuchungen gegen den Glauben. Von Zweifeln gequält, bemerkte sie, dass man diese nicht vortäuschen kann, sie begriff, dass es dem Geist nicht gelingt, aus sich heraus sie zu vertreiben und ihnen zu widerstehen: *Ich bin ihnen zwangsläufig ausgeliefert* (NPPA, infra, S. 116); bis an die äußersten Grenzen der Verzweiflung verspürte sie das erdrückende Schweigen Gottes, das Gefühl seiner Abwesenheit; in einem gewissen Stadium ihres Wesens erlebte sie die quälende Angst, die Bedrängnis der Nacht der Seele, in der sich gewisse Atheisten finden, die gequält werden vom Sinn der menschlichen Existenz und vom Skandal des Bösen, dieser schwindelnden Tiefe des Nichts, die sie zum Aufbegehren und zur Gotteslästerung treibt. Ohne in den Unglauben zu verfallen, hat sie erfahrungsmäßig das Drama der gottfernen Menschen erlebt. Am 3. August 1897 schrieb sie dieses Briefchen an ihre Schwester Céline: *Ich bin in das Tal des Schattens und des Todes hinabgestiegen, doch ich fürchte kein Unheil, denn du bist bei mir Herr!* (Ps 23,4 in LT 262).

Keine Lektüre, keine Überlegung, kein gedanklicher Schluss hätte sie so sehr die Situation der Seelen, die das Licht des Glaubens entbehren, erfassen lassen und zugleich entdecken lassen, dass sie mit ihnen eine totale Ohnmacht und Unwürdigkeit teilte, allein aus sich heraus Gott zu erkennen und zu lieben. Seither und zum ersten Mal betrachtete sie auch diejenigen als *ihre Brüder* (Ms C, 6r°), die sie weiterhin *die Gottfernen, die nicht den Glauben besitzen* (Ms C, 5v°), nannte, *die armen Ungläubigen* (Ms C, 7r°), *die schlimmsten Materialisten, alle diejenigen, die sich vom Glauben der Kirche entfernen* (NPPA, infra, S. 115–116). Früher hatte sie den Ausdruck *Brüder* nur auf ihre im Kindesalter verstorbenen Brüder, auf die großen Heiligen, die *Adler*, (Ms B, 5r°/v°), sogar auf die *Engel* (Ms B, 4r°) und auf die gläubigen Christen wie sie selbst angewandt. Abbé Bellière und Pater Roulland waren ihre *Brüder Missionare* (Ms C und CJ 4.8.8). Die Ungläubigen waren nunmehr ihre *Brüder Sünder*: *Während meines kurzen Lebens will ich / meine Brüder, die Sünder, retten* („An meinen Schutzengel", P 43, Str. 4 von Januar 1897).

In einem Brief vom 25. April 1897 an Abbé Bellière bezieht Therese die Worte der heiligen Margarete-Maria Alacoque, die sich *„eine arme Sünderin"* nannte, auf sich und fügt hinzu, die Selige habe dies *aus Demut* gesagt, sie selbst wiederhole es aber als *reine Wahrheit* (LT 224). Ihre Entdeckung wird deutlich in einer neuen Einsicht in die Wahrheit des *Confiteor*, das sie vor dem Empfang der Kommunion spricht, die ihr der Priester am 12. August in die Krankenzelle bringt: *Ich fühlte mich wie der Zöllner, als eine große Sünderin* (CJ 12.8.3). Ihr Erstaunen über ein Bekenntnis, das sie bisher so oft abgelegt hatte, ist bezeichnend: *Es ist doch etwas Besonderes, dass ich dies beim Confiteor empfunden habe! Ich glaube das hängt mit meiner derzeitigen Verfassung zusammen; ich fühle mich so elend!* (a.a.O.).

Da sie sich nun auf gleicher Stufe mit den Sündern sieht, macht sie mit ihnen gemeinsame Sache. Bisher war sie gleichsam als Außenstehende deren Fürsprecher, stand auf der Seite Gottes, auf der Seite der Gerechten. Jetzt betet sie aus der Tiefe des Abgrundes, in dem sie sich inmitten all *ihrer Brüder* befindet: *"Herr, erbarme dich unser, denn wir sind arme Sünder!..."* Sie hat den Vers Lk 18,13 abgeändert und gebraucht den Plural. *Oh! Herr*, so fährt sie fort, *sei uns Sündern gnädig...* (Ms C, 6r°).[21]

Dieses Gefühl der Solidarität mit den Sündern in ihrer Schwachheit und Verlassenheit geht allerdings nicht bis zu einer Gleichsetzung mit ihrer Lage. Es gibt bei ihr keinen Dolorismus und keine Romantik. Keinen Dolorismus: da sie zu sich selbst Abstand hatte, war sie nicht versucht, sich wegen ihres Zustandes zu bemitleiden. Aber auch keine Romantik: als echte Normannin neigte Therese nicht dazu, von Träumen zu leben. Sie brauchte sich nicht mit den Sündern zu identifizieren; sie bekannte sich als eine von ihnen. Sie gelangte zu diesem schwer zu definierenden und in seiner tiefen Wahrheit noch schwerer nachzuempfindenden Bewusstsein, das den Christen erkennen lässt, dass er gleichzeitig gerecht und sündig ist: *Ich fühle mich so elend! Mein Vertrauen ist nicht gesunken, im Gegenteil,*

---

[21] Es fällt auf, dass Therese dieses Zitat aus Lk 18,13 bereits gebraucht hatte. Sie schrieb es unverändert unter das Bild des Gekreuzigten, das sie an einem Sonntag im Juli 1887 zu solchem Eifer für die Bekehrung der *großen Sünder* angeregt hatte (Ms A, 45v°). Sie begann daraufhin für *Pranzini, den Schwerverbrecher; meinen Sünder*, wie sie ihn nennt, zu beten (Ms A, 46r°). Es ist sicher, dass Therese erst 1896, wahrscheinlich nach April, dieses Bild auf Karton geklebt und diesen Text aus der Heiligen Schrift abgeschrieben hat. Von diesem Zeitpunkt an gebraucht sie in Abänderung des Lukas-Zitats die „Wir"-Form. Diese drückt im Juni 1897 ihre Solidarität mit Maria Magdalena unter dem Kreuz. ..., mit Pranzini und allen anderen Sündern aus. Es sei noch angemerkt, dass Therese am 1. August 1897 auf diese Gnade hinweist (CJ 1.8.1). Vgl. DE I, S. 510–511 und DE II, S. 463 in 1.8.1.

der Ausdruck „elend" ist falsch, denn ich bin reich an allen göttlichen Schätzen (CJ 12.8.3). Wenn sie *bereitwillig (...) das Brot der Schmerzen isst und den mit Bitterkeit beladenen Tisch, an dem die armen Sünder essen, nicht verlassen will,* dann will sie dadurch erreichen, dass *der von ihnen besudelte Tisch von einer Seele, die Gott liebt, gereinigt wird* (Ms C, 6r°). Als *einzige Gnade erbittet* sie, Gott *niemals zu beleidigen* (a.a.O.). Diese Einstellung allein zeigt schon, dass sie den Unglauben nicht mit den *Gottlosen* teilt. Zudem weiß sie, dass sie eine *Gott liebende Seele* ist und damit in der Lage, einen *besudelten Tisch* zu reinigen.[22] Dadurch, dass sie die Nacht der Zweifel annimmt, dass sie damit ihre Treue zu Gott zeigt, will sie nicht so sehr *die gegen den Glauben begangenen (Fehler) wiedergutmachen* (Ms C, 7r°), sondern vielmehr *das Licht des Glaubens* (a.a.O., S. 116) all denen *erwirken*, die es nicht besitzen oder es verloren haben (vgl. CJ 2.9.7). Möchte man hier nicht sagen, dass sie sich vornimmt, die Aufgabe des heiligen Petrus zu übernehmen? Vor dessen Fall sagte der Herr zu ihm: *„Wenn du wieder zu dir gekommen bist, stärke deine Brüder." Das hieß: Stelle ihnen durch deine eigene Erfahrung die Schwachheit der Menschen vor Augen* (CJ 7.8.4). Diese Erfahrung hat Therese wie der Apostel gemacht, allerdings nicht auf dem Umweg über die Verleugnung.

---

22 Da Therese die Möglichkeit, ohne den ständigen Beistand Gottes „ein Teufelchen" zu werden, nicht ausschloss, fühlte sie sich – nicht tatsächlich, aber potentiell – sündig wie Magdalena oder der heilige Petrus. Um das Elend der Frevler zu teilen, musste sie ihnen nicht in allem gleich sein, ebenso wenig wie Christus sich in allem den Sündern angleichen musste, um diese zu retten, „er, der in allem wie wir in Versuchung geführt worden ist, aber nicht gesündigt hat" (Hebr 4,15).

„Als der Glaube und die Hoffnung in Thereses Seele geschwunden waren, musste sie tatsächlich auf mystische Weise eine Erfahrung machen, die zum Alltag der Menschen des 20. Jahrhunderts gehört. Da sie aber ganz auf den Himmel ausgerichtet war und unbedingt den *vergänglichen Schatten* ausweichen wollte, fand sie sich aufgrund einer besonderen Gnade des Heiligen Geistes abermals tief eingetaucht in die Ängste und die Nacht unseres Jahrhunderts. In dieser *Ausweglosigkeit*, die sie mit den Verzweifelten des 19. und 20. Jahrhunderts teilte, offenbarte sich die ganze Bedeutung des Sühneopfers, das sie der Barmherzigen Liebe darbrachte."[23]

Ihr Wirken über den Tod hinaus

Therese sollte durch ihren bevorstehenden Tod aus den Ängsten und der Nacht dieser Verzweifelten, deren Seelenzustand sie „auf mystische Weise" teilte, befreit werden. Nach der weit verbreiteten Meinung, hatte sie geglaubt, dass ihre aktive Rolle bei der *Bekehrung der Sünder* (Ms A, 45v°) nur auf die Zeit ihres irdischen Exils beschränkt sein konnte; dass auf diese Zeit der Arbeit eine Zeit völliger Ruhe, *ewiger Ruhe* (Ms C, 30r°) in der *Heimat* folgen sollte (Ms C, 6v°). Aber gequält von den Gedanken an die Not ihrer Brüder, kann sie diese nicht einfach ihrem Schicksal

---

23 Marcel MORÉ, „Crime et sainteté" in Dieu vivant, Nr. 14 (1949), S. 60. Dieser Artikel erschien auch in La Foudre de Dieu, NRF, Gallimard 1969, S. 21–58

überlassen, kann sie ihnen die Hilfe nicht versagen. Wie könnte sie die Freuden des Himmels sorglos genießen, nachdem sie die Bitternis und die qualvolle Suche der Ungläubigen geteilt hat? Wie der heilige Paulus ist sie hin und her gerissen zwischen dem Wunsch, Gott zu sehen, und dem Bemühen, sich bis zum Ende der Welt für das Heil der Sünder einzusetzen. Die Lösung des Problems ging ihr erst nach und nach auf. Im September 1896 sprach sie einen Wunsch aus, der ihr als unerfüllbarer Traum bewusst war: *Ich möchte Missionarin sein, nicht nur einige Jahre lang; ich möchte es vielmehr schon von Anbeginn der Schöpfung gewesen sein und es bis zum Ende der Zeiten bleiben ...* (Ms B, 3r°).

Wie alles, so war bei ihr auch der Einsatz für die Seelen kein übersinnliches Empfinden; er ergab sich aus der konkreten Kenntnis ganz bestimmter Fälle; so etwa jener angeheiratete Vetter, René Tostain, den sie bereits im Brief an Céline vom 3. April 1891 nach einem Besuch von Marguerite-Marie Maudelonde erwähnt hatte (LT 126).[24] Ihr ganzes Leben lang betete sie für ihn, ohne seine Bekehrung zu erwirken. Ihn und die anderen konnte sie unmöglich aufgeben. Im Jahre 1897 keimt in ihr der Gedanke, sich nach ihrem Tode für diese einzusetzen.

In ihrem letzten, dem heiligen Stanislas Kostka gewidmeten Theaterstück vom 8. Februar 1897 lässt sie ihren Helden zur Muttergottes sagen: *Sage mir, dass die Seligen noch für das Heil der Seelen wirken können... Wenn ich im Paradies nicht zur Ehre Gottes wirken kann, bleibe ich lieber im irdi-*

---

24 Vgl. Anm. 9, oben

schen Exil, um für ihn zu streiten!... (RP 8). Derselbe Gedanke taucht in ihrem Brief vom 24. Februar 1897 an Abbé Bellière auf: *Ich wünsche mir nur eines: dass der Wille Gottes geschehe, und ich gestehe, dass ich, sollte ich im Himmel nicht zu seiner Ehre wirken können, das irdische Exil der himmlischen Heimat vorzöge* (LT 220).

Am 4. März belässt sie es nicht mehr bei Wünschen; sie betet eine Novene zum heiligen Franz Xaver, um diese Gnade zu erhalten.[25] Was anfänglich nur ein schüchterner und unklarer Plan war, wurde in dem Brief an Pater Roulland vom 14. Juli zu einem festen und kühnen Verlangen. *Ich habe fest vor, im Himmel nicht untätig zu bleiben; es ist mein Wunsch, weiterhin für die Kirche und die Seelen zu wirken. Dies erbitte ich vom lieben Gott, und ich bin sicher, dass er mich erhört* (LT 254).

Schließlich versichert sie am 17. Juli: *Ich spüre, dass ich bald in die Ewigkeit eingehen werde... Ich spüre aber vor allem, dass meine Sendung beginnen wird, dafür zu sorgen, dass man Gott so liebt, wie ich ihn liebe, dass die Seelen meinem kleinen Weg folgen. Wenn der liebe Gott meine Wünsche erhört, wird mein Himmel bis zum Ende der Welt auf der Erde sein. Ja, ich*

---

[25] Schwester Marie du Sacré-Coeur bezeugt: „Im Jahre 1896 [überschrieben 1897] betete sie vom 4. bis zum 12. März die Novene zum heiligen Franz Xaver; sie sagte zu mir: Ich habe um die Gnade gebeten, nach meinem Tod Gutes zu tun, und ich bin jetzt sicher, erhört zu werden, weil man durch diese Novene alles erhält, was man wünscht." (NPPA, in DE I, S. 657, Anm. a in 13.7.1).Der PO enthält einen identischen Text mit der falschen Jahresangabe, 1896 statt 1897 (vgl. PO, 314r°, S. 248). Bereits am 19. März schreibt Therese an Pater Roulland: Ich möchte Seelen retten (...), ich möchte noch nach meinem Tod Seelen retten (LT 221); vgl. CG II, S. 966, Anm. k.

will meinen Himmel damit verbringen, auf Erden Gutes zu tun. Das ist nicht unmöglich, da ja auch in der ewigen Glückseligkeit die Engel über uns wachen.

Ich kann mich nicht der Freude hingeben, ich will mich nicht ausruhen, so lange noch Seelen zu retten sind... Wenn aber der Engel sagt: „Die Zeit ist abgelaufen!", dann werde ich mich ausruhen, dann kann ich mich freuen, weil die Auserwählten vollzählig sind und alle in die Freude und die ewige Ruhe eingegangen sind. Mein Herz erbebt bei diesem Gedanken ... (CJ 17.7).[26]

So ist durch die Entdeckung der Solidarität mit den Sündern Thereses Nächstenliebe bis an die Grenzen ihrer Liebe zu Gott gewachsen und zwar derart, dass sie das Motiv ihrer Sehnsucht nach dem Himmel verändert hat.

---

26 Thereses Äußerungen zu ihrem Wunsch, sich nach ihrem Tod für das Heil der Seelen zu einzusetzen, stammen alle aus dem Jahre 1897. Sie werden bestätigt durch die Aussagen, die in den Letzten Gesprächen festgehalten sind. Die Aussage von Pater Pichon im Prozess (vgl. PO, 552v°/553r°, S. 384) kann historisch nicht belegt werden. Therese hat Pater Pichon von diesem Wunsch wohl erst im Brief von Juli 1897 berichten können. Dieser enthielt auch einen Kommentar zum Psalm 22 und wurde veröffentlicht auf S. 433 der Briefe in der Ausgabe von 1948 (CCXXXIV). Vgl. Anm. 6, oben.

IV DER TEST DES KLEINEN WEGES

Die vorausgehende Untersuchung hat uns erlaubt zu entdecken, dass es das Ziel der Prüfung Thereses war, ihren Glauben, ihre Hoffnung und sogar ihre Liebe zu reinigen und ihren apostolischen Sinn zu erweitern. Beim derzeitigen Stand unserer Forschung haben wir den Eindruck, dass wir den Sinn ihrer Prüfung nicht ausreichend erhellt haben. In der Tat gibt es zahlreiche Hinweise darauf, dass über die in der Persönlichkeit Thereses gründenden noch unvollkommenen Vorgaben hinaus ihr *kleiner Weg* selbst als neue Art, das Evangelium zu leben, in Frage gestellt wurde.

Man kann nicht behaupten, dass Therese in den körperlichen Leiden und dem geistigen Dunkel sich dieser weiter reichenden Wirkung ihres Kampfes voll bewusst war. Sie hat allerdings dessen Neuartigkeit und Bedeutung gespürt: *kurz bevor meine Glaubensprüfung begann, sagte ich mir: Ich habe wahrlich keine großen äußeren Prüfungen, und, um innere Prüfungen zu bekommen, müsste der liebe Gott* **den Verlauf meines Weges ändern** [Hervorhebung durch uns], *ich glaube nicht, dass er es tun wird. Dennoch kann ich so nicht immer in Frieden leben ...* (Ms C, 31r°).

Ihr geistliches Gespür kündigte ihr den Beginn einer neuen Phase in ihrem Innenleben an. Sie hatte keine Angst, weiterhin leiden zu müssen. Sie war darauf gefasst. Sie war an die Heimsuchungen gewöhnt, sie waren geradezu notwendig auf ihrem Weg zu Gott. In den Kämpfen fühlte sie sich ganz sie selbst und Gott näher. Aber dieses Mal erfasste sie doch eine gewisse Besorgnis. Könnte das

Ereignis, das sie erahnte, nicht die klare Orientierung ihres Lebens erschüttern? Müsste sie etwa *den Verlauf ihres Weges ändern?* ... War es denkbar, dass ihr eine Mission übertragen würde, die sie zwingen würde, ihre frei gewählte Zurückhaltung abzulegen, oder dass ihr wie den *großen Seelen* außerordentliche Gnaden geschenkt würden (Ms B, 4v°)?

In dieser Hinsicht beruhigt, fügt sie mit einer gewissen Erleichterung hinzu: *Welche Möglichkeit wird also Jesus finden, mich zu prüfen? Die Antwort ließ nicht auf sich warten und zeigte mir, dass es demjenigen, den ich liebe, nicht an Möglichkeiten fehlt; ohne den Verlauf meines Weges zu verändern, schickte er mir die Prüfung, die all meinen Freuden eine heilsame Bitterkeit beimischen sollte* (Ms C, 31r°).

Nein, sie braucht ihren *kleinen Weg* nicht aufzugeben, sie braucht ihre Wesensart nicht zu ändern und nicht ihre Art, Gott zu suchen. Ganz im Gegenteil, diese neue Erfahrung wird exakt auf der Linie ihrer *kleinen Lehre* liegen (Ms B, 1v°). War sich Therese darüber im Klaren, dass diese Prüfung sie soweit führen würde, das zu erleben, was sie als Wahrheit *gefunden* hatte (Ms C, 3r°), und dies bis zur letzten Konsequenz? Es scheint, dass sie unmittelbar vor ihrem Eintritt in die Nacht der Zweifel durchaus glaubte, sie habe die wesentliche Kraft aus ihrer Entdeckung erfahren und sei nun bereit, Jesus zu begegnen. Am Morgen ihres ersten Bluthusten-Anfalls vertraute sie ihrer Priorin ihre *Hoffnung* und ihr *Glück* an (Ms C, 5r°).

Sie war sich damals nicht der besonderen Umstände bewusst, unter denen sie ihren *kleinen Weg* hatte festlegen und gehen können. Um diesen für die vielen *kleinen*

Seelen, an die Therese dachte, erreichbar zu machen, war noch zu beweisen, dass diese *Lehre* in den ganz alltäglichen und vielfältigen Situationen des menschlichen Lebens gelebt werden konnte. Man hätte Therese durchaus entgegen halten können, dass sie ja die Schwierigkeiten und Versuchungen des Lebens in der Welt, die Beschwerden und Qualen einer langen Krankheit, die Demütigungen und traurigen Phasen des Alters und die Pein der sündenbeladenen Seele nicht gekannt hatte. Die Glaubwürdigkeit des *kleinen Weges* musste also nachgewiesen werden durch ein Erlebnis, bei dem der gewöhnliche Sterbliche dem Wesen nach das eine oder andere Element seines eigenen Lebens erkennen konnte: das Leiden, die Versuchung, die Einsamkeit, die Verzweiflung, die Nacht des Herzens und des Geistes, kurzum sowohl die physische als auch die psychische Not, die dem gläubigen wie dem ungläubigen Menschen gemeinsam sind. Dieser Forderung entsprechen die Intensität und die Dauer ihrer seelischen und körperlichen Prüfung. Wir können hier vergleichsweise an den Prototyp denken, der in Testverfahren extremem Widerstand und Druck ausgesetzt wird, damit er die Festigkeit und Sicherheit garantiert, die bei der Serienfertigung verlangt wird. Ebenso wird von Therese verlangt – weniger um sie selbst zu vervollkommen als um ihre Botschaft glaubwürdig zu machen – dass sie bei den Möglichkeiten, die ihr *kleiner Weg* bietet, bis an die äußersten Grenzen geht. Sie hat sich hier einem echten Test zu unterwerfen. Das Wenige, das sie von ihrem Drama offen gelegt hat, *ein Entwurf im Vergleich zum Modell*, sagt sie

(Ms C, 7r°), ist schon ergreifend genug. Sie versichert jedoch, dass sie nichts *übertrieben* hat (vgl. Ms C, 7v°).

Wir können hier nicht noch einmal in die Darstellung des *kleinen Weges* eintreten.[27] Wir wollen uns damit begnügen, nachzuprüfen, wie sie ihren Test in den beiden Punkten, die die Grundlage ihrer Lehre darstellen, bestanden hat, nämlich im Klein-Sein und im Gottvertrauen.

Das Klein-Sein

Um eine Vorstellung von der gewaltigen Bewährung zu bekommen, die von Therese durch ihre Glaubensprüfung verlangt wurde, nämlich in Bezug auf ihre Einstellung zum *Klein-Sein*, müssen wir kurz den Weg, den sie bis dahin zurückgelegt hat, nachzeichnen.

Ich bin eine sehr kleine Seele, *die dem lieben Gott nur* sehr kleine Dinge *anbieten kann* (Ms C, 31r°). Nicht von einer nüchtern erarbeiteten Theorie ausgehend, sondern aus ihrer alltäglichen Erfahrung heraus hat sie nach und nach erkannt und akzeptiert, wie *schwach* (Ms A, 53v°), wie *gebrechlich* (a.a.O., 83v°), wie *klein* (Ms C, 4r°), wie *ohnmächtig* (a.a.O.), wie *unfähig* (a.a.O., 10v°) sie war, ihre *unendlichen Sehnsüchte* (Ms B, 4v°) zu verwirklichen.

---

27 Vgl. Conrad DE MEESTER, La voie d'enfance chez Thérèse de Lisieux. Dynamique de la confiance, Cerf 1969, und Les mains vides, Cerf 1972.

Sie wird sich ihrer Situation bewusst.

In dem Bemühen, sich ihrer Situation bewusst zu werden, wurde sie äußerlich von ihrer Familie unterstützt. Diese betrachtete sie immer als die Jüngste, *die Kleinste, die Letztgeborene* (LT 173 von Januar 1895), auch noch im Karmel. *Innerhalb der Familie nur so groß!* (CJ 2.9.4).[28] So erging es ihr auch in ihrer Kommunität, für die sie wegen ihres jugendlichen Alters ein Kind war. Trotz ihrer Professjahre gehörte sie nie dem Kapitel an, und sie bekleidete das Amt der Novizenmeisterin, ohne offiziell diesen Titel zu führen.

Sie fühlte sich schon *klein*, bevor diese äußeren Bedingungen gegeben waren. Bereits sehr früh verstand sie, dass ihr Bestreben, *eine große Heilige zu werden* (Ms A, 32r°), nicht im Einklang mit ihren Kräften stand, und dass es ihr unmöglich war, *die steile Treppe der Vollkommenheit* hinaufzusteigen (Ms C, 3r°). Von Anfang an sah sie klar die Wirklichkeit, die sich ihr aufdrängte: *Wenn ich mich mit den Heiligen verglich, habe ich immer festgestellt, dass zwischen ihnen und mir derselbe Unterschied besteht wie zwischen einem Berg, dessen Gipfel in den Himmel ragt, und dem unscheinbaren Sandkorn, das von den Wanderern zertreten wird* (Ms C, 2v°).

Hier spricht sie nicht nur von den Tugenden und den *glänzenden Werken* (Ms B, 4r°) *ihrer Brüder, den Adlern* (a.a.O. 5r°), sondern auch von ihren natürlichen Fähigkeiten. Mit

---

28 Vgl. DE I, S. 550, Anm. b in 2.9.4.

zehn Jahren hat sie ihre psychologische Schwäche erfahren, bei jener mysteriösen Neurose, von der sie durch das Lächeln der Muttergottes geheilt wurde (vgl. Ms A, 30r°), und dann während jener darauf folgenden Krise der Skrupel. Sie konnte ihr krankhaftes Bedürfnis nach Äußerungen der Zärtlichkeit erst besiegen, als bei ihrer Bekehrung im Jahre 1886 ein weiteres Mal die Gnade einwirkte. Sie konnte spüren, wie sich ihr Egoismus durchsetzte, wenn sie durch Nachlässigkeiten und Unachtsamkeiten die vielfältigen Möglichkeiten, die sich ihr täglich boten, kleine Opfer zu bringen, ausließ: *Oh nein! Ich bin nicht immer zuverlässig* (LT 143 vom 18. Juli 1893); *so passiert es mir oft, dass ich einige kleine Opfer auslasse, die doch der Seele so viel Frieden schenken* (Ms C, 31r°). Als sie Novizin war, entdeckte sie die verborgene Existenz ihrer Selbstsucht, die Ursache ihrer Beunruhigung, ihrer Traurigkeit und der Demütigungen, die sie jedes Mal quälten, wenn sie ihre Unvollkommenheiten feststellte.

Die Krankheit ihres Vaters war aufschlussreich, insofern als sie zum Vorschein brachte, wie wichtig ihr das Ansehen der Anderen oder der Ruf ihrer Familie war und das Glück, das sie aus der Liebe eines ehrbaren und bewundernswerten Vaters schöpfte, der zu einem Bild des Erbarmens und des Mitleids geworden war.

Therese hat sich nicht gegen die erbarmungslose Offenlegung ihres Innersten aufgelehnt. Sie hat sich nicht geweigert, der Wahrheit ins Angesicht zu schauen. Sie wünschte es aus ganzem Herzen. Mit dem Eifer und der gespannten Aufmerksamkeit eines auf der Lauer liegenden Jägers hat sie alle Gelegenheiten, alle Hinweise, die das tägliche

Leben ihr bezüglich der Art und dem Grad ihres *Klein-Seins* bot, ergriffen. Statt auf ihre *kühnen Wünsche* (Ms B, 4r°) zu verzichten, in Mutlosigkeit und Aufbegehren zu verfallen, sich mit einer biederen Mittelmäßigkeit zufrieden zu geben, hat sie sich dieser Realität gestellt, um ihrem Vorsatz treu zu bleiben, heilig zu werden. Sie verstand, dass ihre Schwachheit Gott nicht zurückdrängte, da er doch gerade deshalb in unserem sterblichen Fleisch auf die Erde gekommen war, um mit den Menschen diese bittere Armut zu teilen, um diese in seine göttliche Kraft zu verwandeln. Sie begriff, dass ihr Reichtum in ihrer Kleinheit bestand. Deshalb findet sie sich nicht nur damit ab, dass sie *klein* ist, sie akzeptiert es aus freiem Willen und ist fest entschlossen, *es zu bleiben, es mehr und mehr zu werden* (vgl. Ms C, 3r°).

Als Mutter Agnès sie fragte, was sie unter *klein bleiben*[29] verstehe, erläuterte sie:

Das heißt, seine Nichtigkeit eingestehen, alles vom lieben Gott erwarten, so wie ein kleines Kind alles von seinem Vater erwartet; das heißt, sich über nichts beunruhigen, keinerlei Reichtum ansammeln. Selbst in den armen Familien gibt man dem Kind das, was es braucht, aber, sobald es erwachsen ist, will sein Vater es nicht mehr unterhalten und sagt zu ihm: Arbeite jetzt, du kannst selbst für dich sorgen.

Um dies nicht hören zu müssen, wollte ich nicht groß werden. Ich fühlte mich nicht in der Lage, mein Lebensziel zu erreichen,

---

29 *Um dir Freude zu machen, will ich klein bleiben* (PN 31). Zur Entstehung dieses Ausdrucks und zu seinem Gebrauch durch Therese vgl. CG II, S. 694, Anm. c in LT 141 und S. 741, Anm. b in LT 154. Im Januar 1897 sagt Therese nochmals: *Meine Freude ist es, klein zu bleiben* (PN 45, Str. 7).

das ewige Leben im Himmel. Ich bin also immer klein geblieben und war nur damit beschäftigt, Blumen zu pflücken, die Blumen der Liebe und des Opfers, und sie dem lieben Gott zu seinem Wohlgefallen darzubringen.

Klein sein, das heißt auch, sich nicht selbst die Tugenden, die man übt, zuschreiben, sich zu nichts fähig halten, sondern eingestehen, dass der liebe Gott diesen Schatz seinem kleinen Kind in die Hand legt, damit es ihn verwendet, wenn es ihn braucht; aber es ist immer noch der Schatz des lieben Gottes. Und schließlich heißt das auch, wegen seiner Fehler nicht den Mut verlieren, denn Kinder fallen oft hin, aber sie sind zu klein, um sich sehr weh zu tun (CJ 6.8.8).[30]

Sie war auf diesem Gebiet zu sehr großen Erkenntnissen gelangt und hatte sich bemüht, diese ihren Novizinnen weiter zu geben. Dies bezeugen die zahlreichen Aufzeichnungen in den *Conseils et Souvenirs* ihrer Schwester Geneviève und die Aussagen der Schwestern im Seligsprechungsprozess. Sie wusste, dass sie *eine kleine Seele* war, und wollte es sein. Tag um Tag, Schritt um Schritt hatte sie ihre Grenzen erkundet und festgestellt, dass sie viel schwächer, viel hinfälliger war, als sie es sich am Anfang ihres *Weges* vorgestellt hatte. Sie hatte gelernt, wie schwierig, wie ungeheuer schwierig es war, sich so zu akzeptieren, wie man ist, nicht nur in den Augen Gottes und in den Augen der Anderen, sondern auch und vor allem in den eigenen Augen. *Es geht um das Innerste*, hatte sie am 19. Oktober 1892 an Céline geschrieben (LT 137).

So stand es um sie einige Tage vor Ostern 1896. Ob sie wohl in der Prüfung, die ihr bevorstand, in der Lage wäre,

---

[30] Die Synopse bietet die vier Fassungen dieses Textes (DE II, S. 258–259). Thereses Urheberschaft ist allerdings fraglich. Vgl. DE I, S. 521, Anm. f.

die Wahrheit ebenso klar zu sehen, und denselben Willen aufzubringen, diese anzunehmen? Sie hatte noch nicht die Abgründe ihres *Elends* und ihrer *Schwachheit* erreicht (vgl. Ms B, 4r°). Wie wir gesehen haben, lebte sie, ohne es zu wissen, in dem beruhigenden Bewusstsein, *gerechtfertigt* zu sein. Darüber hinaus erfreute sie sich einer normalen Gesundheit, eines ausgezeichneten Urteilsvermögens, einer seltenen Willensstärke und aller möglichen natürlichen Begabungen, die sie von den verworrenen Situationen so vieler Menschen trennte, die weder wissen, was sie sind, noch wohin sie gehen, die sich nicht dazu entschließen können, einen Weg zu wählen, oder es nicht fertig bringen ein und dieselbe klare Linie einzuhalten. Sie war fest davon überzeugt, dass sie selbst von Gott aus *völlig unverdientem Entgegenkommen* (Ms A, 3v°) alles, was sie hatte und war, erhalten hatte. Aber etwas anderes ist das mehr oder weniger theoretische Wissen, etwas anderes sind die Erkenntnisse, die sie durch eine schmerzhafte Begegnung mit der grausamen und kalten Wahrheit gewonnen hat. Aus dem Innersten erkennen, worin die wahre körperliche und seelische Not besteht. *O meine Mutter, es ist sehr einfach, Schönes über das Leiden zu schreiben, aber darüber schreiben ist nichts, gar nichts! Man muss hindurch gehen, um es zu kennen!* ... (CJ 25.9.2).

Es mussten ihr die letzten Illusionen genommen werden, ihr letzter Festschmuck, damit sie im Fleische und im Geiste begriff, dass sie ohne die Gnade nicht mehr Wert war als die gewöhnlichen Menschen, dass sie nicht besser war als der letzte Sünder, dass sie aus demselben Stoff wie diese geschaffen war.

Vergessen wir nicht, was wir weiter oben (S. 27f.) erwähnt haben, nämlich das Zusammentreffen oder, genauer gesagt, das Ineinandergreifen ihrer körperlichen und geistigen Leiden. Sie wirkten gleichzeitig, verstärkten sich gegenseitig, um die Prüfung Thereses zu einem Höhepunkt zu treiben und sie sozusagen zu einer Bruchstelle zu führen, wo der geringste Anlass sie auf die andere Seite hätte kippen lassen.

Sie musste der menschlichen Schwachheit in all ihren Formen trotzen, auf allen Ebenen ihres Wesens. Da war zunächst die körperliche Gebrechlichkeit; sie war noch mehr auf ihre Umgebung angewiesen als ein Säugling auf seine Mutter. Als sie sich während ihrer letzten Krankheit als *Baby* bezeichnete (vgl. CJ 23.6.1 und *passim*), wollte sie zweifellos damit weniger ihr *Spielchen* mit ihren Schwestern treiben, sondern betonen, dass sie sich wieder in einer Situation befand, die noch schwächer war als die des Kindes, das sie vor Gott hatte sein und bleiben wollen: *ich bin ein kraftloses Baby!* ... (CJ 30.9).[31]

Da Therese körperlich so geschwächt war, hatte sie ihre Gefühle nicht mehr unter Kontrolle. Hatte sie seit ihrer Bekehrung nur noch selten und nicht leicht geweint (Ms A, 45r°), so vergoss sie jetzt Tränen aus geringfügigen Anlässen (CJ 3.7.4; 19.8.1; 20.8.10; 13.9.1). Auf dieselbe Weise musste sie in höchstem Maße ihre geistige Schwäche spüren. War sie bislang davon überzeugt, dass jeder Mensch sich einer uneingeschränkten Freiheit und eines

---

31 Vgl. DE I, S. 442–444, interessante Anm. in 23.6.

ausreichenden Verstandes erfreute, um die Zeichen Gottes in der Welt und die Größe der persönlichen Bestimmung zu erkennen, stellte sie jetzt mit Erstaunen fest, dass es Handlungen gibt, die man gleichsam unfreiwillig begeht, da man von der Leidenschaft mitgerissen oder in einen Zustand des Halb-Bewussten eingetaucht ist, in dem die Verantwortlichkeit herabgesetzt oder ausgeschaltet ist. Sie fühlte sich wirklich dazu getrieben, ihrem Leben durch Selbsttötung ein Ende zu setzen (vgl. o. S. 30) und war nahe daran, den Verstand zu verlieren. *Vielleicht komme ich neben den Verstand. Oh, wenn man nur wüsste, wie schwach ich bin* (CJ 19.8.1). Sie hatte sich niemals vorgestellt, dass man derart geschwächt sein könnte. *Wenn Sie nur wüssten, was mit mir geschieht! Wie leicht verliert man doch die Geduld!* (CJ 3.8.4).

Sie musste die schmerzliche Erfahrung machen, dass es Verleitungen zum Bösen gibt, denen man *unausweichlich erliegt* (vgl. o., S. 90) und als sie von der Nacht der Zweifel *umgeben war*, wurde ihr schließlich klar, dass manche Atheisten aufrichtigen Herzens und nicht etwa *gegen ihre Überzeugung* (Ms C, 5vº) die Existenz des Himmels leugnen können. Von da an fühlte sie sich der Masse der Sünder zugehörig, die unablässig gegen ihre Neigungen und ihre aufdringlichen Gedanken kämpfen, und fand auf eine nicht vermutete Weise heraus, wie *arm und kraftlos* (LT 197) und *unendlich klein* (Ms B, 4vº) auch sie tatsächlich war.

Sie erkannte, dass nur ein hauchdünner Abstand besteht zwischen der Treue des *Gerechten*, die allein auf Gottes Gnade gründet, und dem Fall des Sünders und dessen Zustand. *Oh! wenn ich untreu wäre, wenn ich auch nur die ge-*

ringste Untreue erwiese, würde ich dies, ich spüre es, mit schrecklicher Beunruhigung bezahlen (...). Wenn ich mir zum Beispiel sagte: Ich verfüge über diese oder jene Tugend, ich bin sicher, dass ich sie üben kann. Das hieße nämlich sich auf die eigenen Kräfte stützen, und wenn man so weit gekommen ist, stürzt man möglicherweise doch in den Abgrund (CJ 7.8.4). Vom *kleinen Engel* bis *zum kleinen Teufel* (Ms A, 70r°) war es nur ein Schritt.

Der *kleine Weg* lehrte das angenommene und gewollte *Klein-Sein*, dies beinhaltete aber auch die Bereitschaft, die nie endende schmerzende existentielle Unsicherheit des Sünders auf sich zu nehmen, der jederzeit fallen, ja sogar seinen Glauben verleugnen kann wie der heilige Petrus, der *am eigenen Leibe erfahren musste, zu was der Mensch ohne die Hilfe Gottes im Stande ist* (CJ 7.8.4). Daher hütete sie sich vor jeglicher Überheblichkeit: *Ich sage nicht wie der heilige Petrus: Ich werde dich nie verleugnen* (CJ 9.7.6).

Das ist der Inhalt dieser so erstaunlichen Bekenntnisse aus dem Munde eines Menschen, der sich die Seelenreinheit von der Taufe an bewahrt hatte. *Ich fühlte mich wie der Zöllner, als große Sünderin* (CJ 12.8.3). Es war ihr also vergönnt, die Erfahrungen der großen Zeugen der Bibel zu machen, insbesondere die des Propheten Elias, der im Karmel wie der Gründervater des Ordens verehrt wurde. ‚Jetzt ist es genug, Jahwe! Nimm mein Leben, denn ich bin nicht besser als meine Väter' (1 R 19,4).

Die kluge Zurückhaltung, die Therese übte, wenn sie von ihrem Leidensweg sprach, wurde gestört durch den Druck, dem sie ausgesetzt war. Der Versuch, noch mehr im Abgrund (CJ 7.8.4), in den sie gestürzt zu werden drohte, zu forschen, wäre vermessen. Dennoch schlagen wir zaghaft vor, auf einige Hinweise einzugehen, die zeigen könnten, dass Therese, nachdem sie bekannt hatte, nur eine *arme Sünderin* (LT 224) zu sein, vielleicht auf eine noch tiefere Stufe von *Niedrigkeit* (LT 197) stürzte. Diese Hypothese stützt sich auf die Tatsache, dass sie erst ab April 1896 den Gedanken des *Nichts* wieder aufnimmt, um ihn auf sich selbst anzuwenden. Sie bekennt sich als *ein armes kleines Nichts und nichts weiter...* (Ms C, 2r°). In einem im Mai 1897 verfassten Gedicht nennt sie sich *Armes kleines Nichts... Ach! ich bin nichts als die Schwachheit selbst* (P 50). Sie geht soweit, aus dem Nichts ihr ganzes Sein zu machen. *Ich habe nur die Erkenntnis, dass ich ein kleines Nichts bin. Das beglückt mich mehr als die Einsicht in den Glauben* (CJ 13.8; vgl. ibid. 8.8.1).[32]

Hier handelt es sich nicht mehr um einen bei den geistlichen Schriftstellern ihrer Zeit weit verbreiteten Gedanken, auch nicht um den äußeren Raum, der für die Ungläubigen das Jenseits, die *Nacht des Nichts* (Ms C, 6v°), bezeichnete, sondern, so scheint es, um ein neues Sich-Bewusst-Werden der Nichtigkeit der eigenen Existenz. Als *große Sünderin* befand sie sich auf gleicher Stufe mit anderen. In ihrer Gesellschaft durfte sie sich wohl fühlen und Solidarität spüren in derselben Notlage. In dieser Ex-

---

[32] In ihren Briefen betont Therese die Notwendigkeit, die eigene Nichtigkeit zu erkennen (LT 226 und 261), *von der eigenen Nichtigkeit überzeugt zu sein* (LT 243). Teresa von Avila hatte in aller Deutlichkeit und auf tausendfache Weise herausgestellt, dass „alles nichts ist", aber in der für ihre Zeit typischen Denkweise der „Absage an die Welt". Sie dachte allerdings nie daran, sich selbst mit diesem „Nichts" zu identifizieren, wie Therese von Lisieux es wohl getan hat.

tremsituation der Erkenntnis der Abgründe ihres Seins erlebte sie die Einsamkeit des Menschen, der die Unsicherheit und die Wertlosigkeit des Lebens erkennt. Ist es lediglich eine andere Formulierung der Bedeutung ihrer Gebrechlichkeit als Sünderin oder eine Erfahrung des *Nichts* eines Johannes vom Kreuz? Wir beschränken uns auf den Hinweis, dass für sie der Mensch als ein Nichts denkbar war, eine Sicht, die sie aus Bescheidenheit oder Schüchternheit vielleicht verborgen hielt.

Wie auch immer es sich um diese Erkenntnis verhalten mag, so steht doch außer Zweifel, dass sie den tiefen Sinn des *Klein-Seins*, der *Niedrigkeit*, der *Ohnmacht* des Menschen getroffen hat. Ihr Brief vom 17. September 1896 an Schwester Maria vom Heiligsten Herzen Jesu gewährt uns einen Einblick in diese „Offenbarung": *Man muss bereit sein, allzeit arm und schwach zu bleiben, und das ist das Schwierige, denn „wo findet man den wahren Armen im Geiste? Man muss ihn in weiter Ferne suchen", sagte der Psalmist ... (...), „in weiter Ferne", das heißt in der* Niedrigkeit, *im* Nichts ... (LT 197).

Das Annehmen

Das Sandkorn[33], *das zertreten und vergessen wird* (vgl. Profess-Text, 8. September 1890) hat zumindest das Gefühl, ein winziges Etwas zu sein. Aber sich als ein *Nichts* betrachten! Die Prüfung, die Therese durchmachte, hat ihre Einsicht in

---

33 Vgl. zu diesem Thema CG I, S. 349, Anm. d in LT 45.

ihr Klein-Sein bestätigt und bis zum Äußersten getrieben, indem sie Therese nicht über ihr Tun sondern über ihr Sein Klarheit verschaffte, und zwar dort, wo sie ihren Lebenssinn sah, nämlich in ihrer Beziehung zu Gott.

Wie hat sie sich verhalten bei diesem erbarmungslosen Test, der sie zu zermalmen versuchte wie Steine in einem Mahlwerk? Wir haben zwei Phasen in der Entwicklung des theresianischen *Klein-Seins* angenommen: ein Sich-Bewusst-Werden und ein Annehmen.

Wir wissen, dass sie versucht war, der natürlichen Reaktion der Entmutigung, der Verzweiflung oder des Aufbegehrens freien Lauf zu lassen. Bezüglich ihrer geistlichen Schwäche räumte sie ein, dass man *angesichts einer solchen Ohnmacht aus Kummer sterben könnte* (Ms B, 5r°).

Gar manches Mal kam bei ihr eine gewisse *Verbitterung* auf (vgl. CJ 30.7.9). Dieses Mal lag in der Verbitterung alles, was sie durchmachte, und wurde im wahrsten Sinn des Wortes zu einem ‚andauernden Gefühl aus Groll, Demütigung, Enttäuschung über die Ungerechtigkeit des Schicksals' (*Petit Robert*). Es handelte sich nicht mehr um einen vorübergehenden und unbedeutenden Zustand, sondern tatsächlich um eine tägliche Nahrung, die so wesentlich war wie *das Brot*, das einzige Nahrungsmittel, das ihr am *mit Bitterkeit gedeckten Tisch, an dem die armen Sünder essen,* (Ms C, 6r°)[34] gereicht wurde. Wenn es sich bei ihr, streng genommen, auch weder um Verbitterung noch um

---

34 Warum hat Therese plötzlich die Tonart gewechselt, um vom Bericht zum Gebet überzugehen; warum hat sie das Bild der Finsternis verdrängt und das Bild vom Brot und vom Tisch der Sünder gewählt? Könnte dieses

ein Gefühl von Ungerechtigkeit des Schicksals handelte, so lässt sich doch nicht leugnen, dass sie sich traurig, enttäuscht, gedemütigt fühlte. Hatte sie nicht leidenschaftlich das Höchste ersehnt, sich sündenfrei gehalten, sich in einem opferreichen Leben in einem Kloster eingesperrt, und damit ihre ganze Jugendzeit geopfert? Und jetzt kam sie in der *Nacht des Nichts* (Ms C, 6v°), bei Null an! Wer könnte eine derartige Enttäuschung verkraften, die schlimmste Niederlage des ganzen Lebens?[35]

Das war für Therese ‚die Stunde der Wahrheit', der Augenblick, in dem sie zeigen konnte, dass sie Recht hatte mit ihren Worten, Recht hatte in ihrem Handeln, dass ihr *kleiner Weg* nicht in eine Sackgasse mündete: *Jetzt*

Brot des Schmerzes nicht die bittere Selbsterkenntnis darstellen, von der Teresa von Avila in ihren Ratschlägen zum Gebet spricht? Im Jahre 1888 erschien ein Buch von Mutter Thérèse de Saint-Joseph vom Karmel in Tours. Bereits im November desselben Jahres überreichte die Verfasserin dieses Mutter Marie de Gonzague (vgl. CG II, S. 1350). In diesem Buch konnte Therese lesen: „Niemals darf man die Selbsteinschätzung und die Selbstkritik vernachlässigen; es gibt keine Seele, und sei sie im geistlichen Leben ein Riese, die nicht immer wieder zur Kindheit und zur Mutterbrust zurückkehren sollte (...). Ja, man muss es anerkennen, dieses Bewusstsein der eigenen Sünden und die Selbsterkenntnis sind das Brot, das man mit allen anderen Speisen essen muss...." (*La Fille de sainte Thérèse à l'école de sa mère*, Imp. Dubois-Poplimont, Reims, 1888, S. 74). Es handelt sich um einen Abschnitt aus dem 13. Kapitel der Selbstbiographie von Teresa von Avila (vgl. *Œuvres Complètes*, Seuil 1948, S. 131).

35 In einem Brief aus dem Jahre 1894 an Céline, die sich auf den Eintritt in den Karmel vorbereitete, hatte sich Therese bemüht, auf die Vorbehalte gegenüber dem kontemplativen Leben zu antworten, die ihrer Schwester gegenüber gemacht worden waren. Welch ein Glück, (...) in den Augen der Welt für verrückt zu gelten. (...) Wir sind auch keine Müßiggängerinnen (LT 169). Beruhte diese Kritik an den Menschen der Welt nicht auf ihrer eigenen Erinnerung?

spüre ich deutlich, dass alles, was ich gesagt und geschrieben habe, wahr ist (CJ 25.9.2).

Wir sehen, wie sie sich gleich einem Schilfrohr im Sturm biegt, aber von ihrer Spiritualität zerbricht nichts. Sie stellt zunächst das Positive ihrer Prüfung heraus und bezeichnet tapfer die Welle der *Bitterkeit*, die sie überspülte, als *heilsam* (vgl. Ms C, 31r⁰). Sie will nicht die Starke spielen, sich nicht weigern zuzugeben, was ist, da ja Gott es so will. *Der liebe Gott zeigt mir die Wahrheit; ich spüre so gut, dass alles von ihm kommt* (CJ 4.8.3). Von da an nimmt sie sich mit großer Sanftmut so an, wie sie ist. *Ach! Ich bin ja noch an demselben Punkt wie seinerzeit! Aber ich sage dies mit großer Sanftmut und ohne Traurigkeit. Es ist so angenehm, sich schwach und klein zu fühlen!* (CJ 5.7.1 ; vgl. 20.7.1 ; 7.8.4).

Das *Größte* unter *all dem Großen, das der Allmächtige an ihr getan hat, ist, dass er ihr ihr* Klein-Sein, *ihre Ohnmacht gezeigt hat* (Ms C, 4r⁰; vgl. CJ 13.7.9). Wie der heilige Paulus rühmt sie sich also ihrer *Schwachheit* (Ms C, 15r⁰) und überlässt sich gerne den erdrückenden Demütigungen: und *ich bin tagtäglich darauf gefasst, an mir immer neue Unvollkommenheiten zu entdecken* (a.a.O.; vgl. CJ 29.7.3).

Sie gibt uns einen weiteren unwiderlegbaren Hinweis auf ihre freiwillige Bereitschaft dort, wo sie ist, auszuharren, solange Gott es will: *sie ist bereit, so lange, wie du es willst, das Brot des Leidens zu essen, und will sich vor dem von dir bestimmten Tag nicht vom mit Bitterkeit gedeckten Tisch erheben, an dem die armen Sünder essen ...* (Ms C, 6r⁰).

Im Bewusstsein ihrer körperlichen, geistigen und seelischen Grenzen kann Therese bei dieser Haltung des *Klein-Sein-Wollens* bleiben, ohne in passive Resignation oder in Selbstaufgabe zu verfallen. Sie engt ihre Seele nicht ein, indem sie diese aus einem Gefühl von Enttäuschung, Verbitterung und Verzagtheit heraus nur noch auf sich selbst beschränkt. Therese bezeugt dies freudigen Herzens: *Ich empfinde eine lebendige Freude nicht nur darüber, dass andere mich für unvollkommen halten, sondern vor allem darüber, dass ich mich selbst so fühle* (CJ 2.8.6).

Ihre seelische Verfassung äußert sich ferner in dieser inneren Freiheit, die sie dem Lob und dem Tadel gegenüber gleichgültig werden lässt (vgl. CJ 25.7.15). Sie hat das beglückende Gefühl, sich am rechten Ort zu befinden, im Lichte der Wahrheit, im Angesicht Gottes, ihrer selbst und der anderen. *Man empfindet einen so großen Frieden, wenn man ganz arm ist und sich nur noch auf Gott verlässt* (CJ 6.8.4).

Gottvertrauen

Niemand könnte die klare Einsicht in seine eigene Bedeutungslosigkeit ertragen, niemand würde freiwillig in völliger Selbstverleugnung leben, wenn er nicht gestützt oder, besser gesagt, beseelt wäre von einer großen Liebe, die ihn über alle Maßen beglückt und erfüllt.

Therese konnte eine Zeitlang in diesem Bewusstsein ihres *Klein-Seins* leben, indem sie sich auf ihre eigene Standfestigkeit verließ. Sie durchlebte damals Spannungen, Phasen der Unruhe und der Depression, die darauf zurückzuführen waren, dass sie sich, wenn auch nur wenig, auf sich selbst stützte. Da sie glaubte, etwas ganz Persönliches geben zu können, überließ sie sich Gott nicht ganz und schenkte ihm nur in begrenztem Maße ihr Vertrauen. Aus dieser Haltung evangelischer *Armut* konnte sie erst 1895 den vollen Nutzen ziehen, nachdem sie das wahre Gesicht Gottes entdeckt hatte. Sie verstand, dass ER nicht nur unendlich GUT ist, sondern dass ER wesenhaft die *barmherzige Liebe* ist. Diese selbstlose Liebe, die sich darbringt und ganz verschenkt, ohne jemals etwas zurückzunehmen, die sich gleichsam ohne Gegenleistung hingibt, erschien ihr in ihrer ganzen Fülle. *Deine Liebe ist mir von meiner Kindheit an vorausgeeilt, sie ist mit mir gewachsen* (Ms C, 35r°). Dies ist die erste Liebe, und sie bleibt es in dem Sinne, dass sie uns stets vorauseilt, uns entgegengeht wie der Vater dem verlorenen Sohne. Therese war überwältigt von der Offenbarung dieser verkannten, nicht verstandenen, verhöhnten, verratenen Liebe, die von den Menschen in ihrer Undankbarkeit verschmäht wurde. *Ich möchte dich wegen der Undankbarkeit der bösen Menschen trösten* (HA 1972, p. 317) wird umso verständlicher, umso zärtlicher, umso mehr mitfühlend, je schlimmer die vom Sünder eingestandene Not ist.

Ich erhoffe mir von der Gerechtigkeit des lieben Gottes ebenso viel wie von seiner Barmherzigkeit. Weil er gerecht ist, mitfühlend und voller Sanftmut, weil er mit Langmut straft und reich ist an Barmherzigkeit; denn er kennt unsere Gebrechlichkeit, er erinnert sich, dass wir nur Staub sind. Wie ein Vater seine Kinder zärtlich liebt, so hat der Herr Mitleid mit uns!! ... (LT 226 vom 9. Mai 1897 an P. Roulland).

Das Erbarmen Gottes ist keine minderwertige Liebe, weil es etwa keine bessere gäbe. Gott erniedrigt sich nicht soweit, dass er sich auf unser Niveau herablässt. Er *bettelt um unsere Liebe* (Vgl. LT 145).

Aber die abgrundtiefe barmherzige Liebe wird nur angezogen durch die abgrundtiefe Not des Sünders, der sein *Klein-Sein* eingesteht (...). *Je schwächer man ist, ohne Wünsche und Verdienste, desto mehr ist man offen für das Wirken dieser verzehrenden und verwandelnden Liebe* ... (LT 197).

Dies ist der Sinn des theresianischen *Klein-Seins*, das hier als die negative Gussform ihrer Gottessehnsucht erscheint. Ihr entspricht genau und untrennbar die Haltung des Vertrauens und der Hingabe. Es ist bekannt, dass der Mensch in Kenntnis seiner Schwäche ohne die Offenbarung der göttlichen Barmherzigkeit verzweifelt, während das Wissen um die unendliche Güte Gottes ohne die Begegnung mit der Sünde im Menschen ein Gefühl von Stolz und Bevorzugung aufkommen lässt.

Die Nacht der Zweifel, die Therese durchlebte, versuchte sie in die Hoffnungslosigkeit zu treiben, indem sie bei ihr den Gedanken an die innige Liebe Gottes und deren Zusicherung vernebelte. Ihre Versuchungen zielen darauf ab, das *Klein-Sein* vom Vertrauen zu trennen und damit den *kleinen Weg* in seinem Fundament zu erschüttern. Im Bewusstsein ihrer *Winzigkeit*[36] musste Therese beweisen, dass selbst in dieser Situation es möglich ist, auf Gott zu vertrauen und sich ihm zu überlassen. Schon früher hatte sie an Marie Guérin geschrieben: *Was Jesus beleidigt, was ihn in seinem Herzen verwundet, das ist das mangelnde Vertrauen!* ... (LT 92 vom 30. Mai 1889). Konnte sie diese Worte auch aussprechen, als sie in die Enge getrieben war? Als sie auf jede Un-

---

[36] *Der du meine Winzigkeit kennst* (PS 8). Mutter Agnès erwähnt diesen Text in CJ 13.7.4. Der PO gibt ihn in vollem Wortlaut wieder. Vgl. DE II, S. 141.

terstützung durch sich selbst verzichtet hatte und sich am Boden sah, da zog sich Gott zurück in die zweifache Nacht, nämlich die Nacht der körperlichen Schmerzen und die Nacht der Zweifel an der *Existenz des Himmels* (Ms C, 5v°). Wie der heilige Johannes vom Kreuz singt sie:

Gestützt ohne jede Stütze,
Ohne Licht und in der Finsternis (...) (P 26, 30. April 1896).

Ihre feste Überzeugung, dass Gott diese vielfältigen Qualen wollte, (vgl. o. S. 69f.), konnte die Härte ihres Kampfes nur verstärken und ihren Widerstand schwieriger machen.

Wenn sie doch wenigstens in „der Hölle" ihrer Krankheit etwas Trost erfahren oder sich noch ihres *lebendigen und klaren Glaubens* erfreut hätte, wäre ihre „Passionszeit" erträglicher gewesen. Aber Gott schwieg beharrlich. Bei diesem beängstigenden Schweigen musste sich Therese zwei gewichtige Fragen stellen: War Gott wirklich gütig? Liebte er sie, Therese?

Die Güte Gottes

Es geht hier nicht darum, die Rolle aufzuzeigen, die Herr Martin, Thereses Vater, ohne es zu wissen, spielte, indem er seiner Tochter ein bestimmtes Bild von Gott vorgab. Dies war ein normaler Vorgang, der bei Therese bewirkte, dass sie zu jener übernatürlichen Erkenntnis Gottes gelangte, die, wie wir wissen, frei von psychologischen Verwirrungen und theologischen Irrtümern war.

Herrn Martins Güte hatte bei Therese gewissermaßen

die Güte Gottes vorgezeichnet, die Therese später in der Heiligen Schrift in ihrer ganzen Fülle entdecken sollte. Es sei daran erinnert, dass die Prüfung, die sie während der Krankheit ihres Vaters durchmachte, als dieser in geistiger Umnachtung lebte, sie zutiefst erschüttert hatte. Damals hatte sie in einem Brief an Céline einen Vergleich gezogen mit dem Heiligen Antlitz: *Wie können wir uns beklagen, da doch er selbst (Jesus) als ein von Gott geschlagener und gedemütigter Mensch angesehen wurde!* ... (LT 108). Diesem Brief hatte sie eine Abschrift der folgenden Stelle aus dem Buch Jessaja beigefügt: *Wie einer, vor dem man das Gesicht verhüllt!* ... (Jes 53,3).

Wie hätte sie ihre derzeitige Nacht nicht als ein neuerliches Drama leidender Zärtlichkeit empfinden können, die nutzlos geworden war durch die Unmöglichkeit sie zu teilen?[37] Sollte auch sie die innige Liebe Gottes, der sich in die Tiefen eines unergründlichen Schweigens zurückgezogen hatte, verlieren? Das *verschleierte* Gesicht des Herrn Martin hatte ihr geholfen, die *Tiefe der im Heiligen Antlitz verborgenen Schätze zu erforschen* (Ms A, 20v° und 71r°). Hinter den Gesichtszügen des Gekreuzigten hatte sie sich das Angesicht Gottes vorgestellt: strahlend wie die Sonne, voll Milde, Güte und Barmherzigkeit. *Alle (Vollkommenheiten Gottes) erscheinen vor mir strahlend vor Liebe; selbst die Gerechtigkeit, – und diese vielleicht noch mehr als jede andere – er-*

---

[37] Bei diesen Texten fällt uns die Ähnlichkeit mit der Prüfung auf, die Therese einerseits durch das Leiden ihres Vaters, andererseits durch das Schweigen Gottes ertrug. Therese geht aber an keiner Stelle auf diese Ähnlichkeit ein, sei es wegen dieser schmerzlichen Erinnerung, sei es wegen des allzu persönlichen Charakters ihrer Prüfung.

scheint mir von Liebe umhüllt ... (Ms A, 83v°). In ihrer Nacht war auch dieses Angesicht *verschleiert*. Aus den vom Schmerz gezeichneten, entstellten Zügen des Heiligen Antlitzes war jenes „Strahlen" geschwunden, das den Betrachter mit Liebe erfüllte. Sie war fassungslos, das war unbegreiflich (CJ 21/26.5.10; 3.7.3).

Plötzlich war Gott für sie in weiter Ferne, unnahbar, gleichgültig, taub für ihre Klagen und die der Menschen. Das Gespenst seiner Gerechtigkeit, das sie hatte bannen können, schien sich in ihrer Nacht erneut vor ihr aufzurichten. Bezeichnenderweise drängte sich ihr der Gedanke an Ijob während ihrer Prüfung auf. Seit langem bewunderte Therese diese berühmte biblische Gestalt. Sie hatte Ijob mit ihrem Vater, Herrn Martin, verglichen, den Herr und Frau Guérin am 10. Mai 1892, nach seinem Aufenthalt im Heim Bon-Sauveur, zu sich genommen und fortan gepflegt hatten: *der liebe Gott hat mit ihm dasselbe gemacht wie mit seinem Diener Ijob; nachdem er ihn gedemütigt hatte, erwies er ihm in reichem Maße seine Huld* (LT 146).

Es bleibt festzuhalten, dass Therese an einem Tag im August 1897 zweimal vom Heiligen Antlitz sprach und dann den Diener Gottes erwähnte, zweifellos in Gedankenassoziation mit den „Schmerzensmännern" (vgl. Jes 53,3), wobei sie sich selbst auf diese Stufe stellte. *Ich wiederhole wie Ijob: „Am Morgen hoffe ich, nicht den Abend zu erleben, und am Abend hoffe ich, den Morgen nicht mehr zu sehen"* (Ib 7,4 in CJ 5.8.8).

Wenn sie sich mit Ijob identifizierte und sich seine Worte zu Eigen machte, dann deshalb, weil ihr vor Gott ihre jeweilige Lage vergleichbar schien, weil sie darin nicht nur eine Ähnlichkeit erkannt hatte, sondern eher eine Übereinstimmung. Im Gegensatz zu Ijob war sie jedoch nicht der Ansicht, dass Gott in seiner Gerechtigkeit den Sünder unbarmherzig strafen kann, und sie zögerte auch nicht, sich als Sünderin zu bekennen. Sie glich dem „heiligen Mann" der Bibel insofern, als sie nicht verstand, was ihr widerfuhr. Wie er wurde sie im Fleische und im Geiste geprüft und war versucht aufzubegehren. Ijob hat die Existenz Gottes nicht in Frage gestellt, und anscheinend auch Therese nicht. Ijob hat an Gottes Gerechtigkeit gezweifelt. In ihren finstersten Stunden hat sich Therese wohl die ewige Frage nach der Güte Gottes gestellt, der das Leiden zulässt und, schlimmer noch, diejenigen leiden lässt, die ihn lieben. Während ihres Todeskampfes sagte sie sich immer wieder, dass Gott *gut* ist, *sehr gut, sehr gut ... gut, ich weiß es ...* (CJ 30.9), wahrscheinlich um eine Versuchung gegen ihr Vertrauen in Gott zurückzudrängen. Ebenso hatte sie mehrmals Glaubensbekenntnisse abgelegt, um auf ihre Versuchungen zum Zweifel an der Existenz des Himmels zu reagieren.

Trotz seines heftigen Aufbegehrens, ja trotz seiner Frechheit sündigte Ijob nicht durch seine Worte (Ib 42,8), auch Therese nicht. Beide lebten in derselben Hoffnung auf ein glückliches Ende ihrer Not. Therese betonte diese geistige Verwandtschaft, indem sie sagte: *Ijobs Ausspruch: „Sollte Gott mich auch töten, ich würde doch noch auf ihn hoffen" hat mich von Jugend an zutiefst beeindruckt. Aber – so fügte sie hinzu – ich habe lange gebraucht, bis ich mich zu einer derartigen Hingabe bereit fand* (CJ 7.7.3).

Die persönliche Liebe

Das Schweigen, das beharrliche Schweigen eines Gesprächspartners, vor allem wenn es sich bei ihm um einen geliebten Menschen handelt, ist eine grausame Prüfung und führt zu allen möglichen Vermutungen und Interpretationen. Durch das Schweigen Gottes wurde sich Therese auf radikale Weise ihres *Klein-Seins* bewusst. Sie war dann versucht, dieses Schweigen als ein Fallenlassen, als ein geringeres Maß an Liebe oder als das Fehlen der Liebe zu erleben. In diesem Punkt konnte sie am schmerzlichsten getroffen werden. Trotz ihrer Bekehrung am Weihnachtstag 1886 und der langsam erreichten Beherrschung ihrer Empfindsamkeit nach ihrem Eintritt in den Karmel hatte Therese immer noch das Bedürfnis nach einer spürbaren Liebe. Auf vielfältige Weise hatte sie sich bemüht, Jesus durch deutliche Zärtlichkeitserweise ihre Liebe zu bezeigen. Ihre Liebe hatte durchaus nichts Übersinnliches an sich. Sie verspürte sie wie eine zwischenmenschliche Liebe, die von den Aufmerksamkeiten und Hinwendungen lebt, die irgendein Herz, das völlig von der Leidenschaft für den anderen eingenommen ist, sich nur ausdenken kann (vgl. Ms A, 17r°, 17v°; CJ 10.7.9; 2.8.5; 19.8.3; 19.9).

Als Gegenleistung erwartete sie keine besonderen Gnadenerweise, die mit ihrem *kleinen Weg* unvereinbar gewesen wären. Immerhin fand sie in der gewohnten Öde ihrer inneren Verfassung Antworten, ‚Beweise' der göttlichen Liebe zu ihr in der Erfüllung ihrer Wünsche oder ihrer Gebete. Zum Beispiel der Schnee am Tage ihrer Einkleidung (Ms A, 72r°) oder das Einverständnis einer Schwester, die Célines Eintritt in den Karmel abgelehnt hatte (a.a.O., 82v°). Zwischen Gott und ihr war eine lebendige, anhaltende, innige Liebesbeziehung ständig gewachsen bis zu dem Tag, an dem alles plötzlich zu enden schien. *Meine Seele ist verbannt, der Himmel ist für mich verschlossen, und auf Erden mache ich auch nur Prüfungen durch* (CJ 29.6.3).

Wir erinnern uns an diese vertrauliche Äußerung gegenüber Mutter Agnès: *Ich weiß nicht, welche verdammte Stimme zu mir sagte: „Bist du sicher, dass du von Gott geliebt wirst? Ist er gekommen, um es dir zu sagen? Die Meinung der Menschen wird dich vor IHM nicht rechtfertigen«* (HA 1899, S. 227, in DE I, S. 572).

Dies ist zweifellos das wahre Drama Thereses. Alle anderen Güter waren ihr unwichtig. Wenn ER ihr einmal fehlen sollte, könnte nichts sie trösten.

Diese Befürchtung löste bei ihr schreckliche Angstzustände aus, die alles andere verdrängten. Dies belegt die Wiedergabe des Traumes, den sie etwa einen Monat nach ihrem Eintritt in die Nacht der Zweifel hatte. Sie erzählt, dass sie im Traum *die verehrungswürdige Mutter Anna von Jesus* sah, eine Mitschwester der heiligen Teresa von Avila und *Gründerin des Karmels in Frankreich.* (...) *Ich sehe noch den Blick und das Lächeln der verehrungswürdigen Mutter, die LIEBE AUSSTRAHLTEN.* Die hervorgehobenen Wörter waren von Therese in Großbuchstaben geschrieben. Wie sie in ihrem Bericht fortfährt, stellte sie Mutter Anna die beiden Fragen, die ihr Herz bedrückten: Wann werde ich bei Gott sein? Und vor allem: *Ist er mit mir zufrieden?*[38] (Ms B, 2r°/v°). Liebte Gott sie wirklich? Was hätte sie nicht alles gegeben, um diese Gewissheit zu erhalten! Als ihre Schwestern ihr sagten, sie sei eine kleine Heilige, entgegnete sie: *Ich hätte gern, dass Gott dies sagt* (CJ 3.9.2). Sie hatte keine Eingebungen; *ich errate nur, was ich sehe und fühle* (CJ 24.9.10).

Ihre Versuchungen gegen den Glauben mussten notgedrungen auch ihre Liebe zu Gott berühren.[39] Das Spiel der Liebe beruht auf Gegenseitigkeit. Wenn der Himmel nicht existiert, dann ist Gottes Wohlwollen den Menschen gegenüber nur eine Illusion, die Vereinigung mit ihm nur die Vorstellung eines unerfüllbaren Wunsches. Was hieß somit: Gott lieben und wozu auch? Ihr Gedicht *Jésus seul (Jesus allein)* drückt ihre Empfindung aus: *Du kannst mein Vertrauen nicht enttäuschen* (P 32). Und vielleicht bekommen wir einen Eindruck von ihrem Kampf durch einen Ausruf, der die Gedanken verdeutlicht, die ihren Geist gequält haben dürften: *Muss man den lieben Gott so sehr lieben ... und derartige Gedanken hegen!* ... (CJ 10.8.7).

---

38 Heute Abend war ich ein wenig traurig und fragte mich, ob der liebe Gott wirklich mit mir zufrieden war (CJ 21/26.5.11* in DE I, S. 388). Mutter Agnès sagte im Prozess aus: „In den ersten Jahren ihrer Kindheit machte sie sich Gedanken darüber, ob der liebe Gott mit ihr zufrieden sei oder ob er ihr nicht doch etwas vorzuwerfen habe" (PO, 174v°, S. 157). Und Abbé Domin, bei dem Therese vor ihrer ersten Hl. Kommunion im Mai 1884 gebeichtet hatte (Ms A, 34r°/v°) erklärte: „Mir ist ein Satz in Erinnerung geblieben, den sie nach der Lossprechung zu mir sagte: O, Herr Abbé, glauben Sie, dass der liebe Jesus mit mir zufrieden ist?" (PA, Bayeux, 639r°)

39 In Analogie könnten wir, obwohl der Ausdruck unpassend ist, von einer „Liebesnacht" sprechen. Der Ausdruck ist wirklich unpassend, weil man ja unter Nacht das Fehlen des Lichtes versteht. Daher muss man das Fehlen der Liebe, die eine anziehende und vereinende Kraft ist, mit Worten wie Vernachlässigung, Trennung ... also Vereinsamung wiedergeben.

Ihre Schwierigkeit wird auch aus einer Antwort an Schwester Marie vom Heiligsten Herzen Jesu erkennbar, die zu ihr sagte: ‚Wie liebevoll Sie doch den Himmel betrachten!' Zunächst antwortete sie nichts, dann entschloss sie sich doch, ihre Gedanken offen zu legen: *Ah! sie glaubt, dass ich das Firmament betrachte und dabei an den wahren Himmel denke! Aber nein, ich bewundere ganz einfach den materiellen Himmel; der andere ist für mich immer fester verschlossen. Aber sogleich sagte ich mir mit großer Zärtlichkeit: Oh! aber doch, gewiss betrachte ich den Himmel aus Liebe, ja, aus Liebe zum lieben Gott, denn alles, was ich tue, die Bewegungen, die Blicke, seit meiner Aufopferung geschieht alles aus Liebe* (CJ 8.8.2).

So ist sie gezwungen, erneut ihre Liebe zu erklären, wie sie sich auch wieder dazu aufraffen muss, ihren Glauben zu bekräftigen. Zu diesem Zweck greift sie auf einen früheren Zustand spirituellen Hochgefühls zurück, nämlich auf ihren Akt der Selbstaufopferung vom 9. Juni 1895.

Auf das Bild des Gekreuzigten, von dem weiter oben die Rede war (S. 94), schrieb sie zu dem Vers Lk 18,13 den demütigen Protest des heiligen Petrus: *„Herr, du weißt wohl, dass ich dich liebe"* (Jo 21,15). Welch ergreifender Schrei aus dem Munde Thereses, die Jesus so leidenschaftlich liebte!

Während der Leidens- und Zweifelsphasen wird – das ist charakteristisch – das Gefühl, manchmal sogar die Gewissheit, dass man in der Vergangenheit auch glückliche Augenblicke erlebt hat, verdunkelt. Diese Erfahrung machte auch Therese. Sie muss weiterhin glauben, ohne aus ihrem Glauben Freude zu schöpfen, weiterhin lieben, ohne die Liebe auszukosten. In diesem Sturm bleibt ihr nur eine Gewissheit, die sie herausstellt und die einen der Angelpunkte ihres *kleinen Weges* darstellt: *Der liebe Gott hat mich immer das wünschen lassen, was er mir schenken wollte* (CJ 13.7.15). Am selben Tag schrieb sie das Gleiche an Abbé Bellière (LT 253; vgl. CJ 16.7.2). Die Leere, die in ihr entstanden war, hatte zur Folge, dass ihre Sehnsucht nach Gott sich noch verstärkte. Sie weiß, dass diese Sehnsucht nicht aus ihr kommen kann; sie klammert sich mit aller Kraft an diese einzige ihr verbliebene Sicherheit. Sie will nicht auf das Ziel ihres ganzen Lebens verzichten, auf ihre Sehnsucht nach vollkommener Liebe, und dennoch ist sie sich nie so *klein* vorgekommen, hat sie sich nie so *erbärmlich* gefühlt. Wird Therese in der gewaltigen Spannung dieser inneren Nacht ihr Vertrauen bewahren, wird sie bereit sein, sich hinzugeben? Die vertrauensvolle bis zur *Verwegenheit* (Ms C, 34vº) gesteigerte Hingabe an die Barmherzigkeit Gottes, über jedes verstandesmäßige Urteil, über alle menschliche Weisheit hinaus, war der einzige Ausweg, die einzige gültige Antwort auf den Test, dem sie sich unterzog. Musste man, wenn Gottes Barmherzigkeit eine Torheit war, darauf nicht mit einer ähnlichen Torheit antworten? *Wie könnte bei dieser Torheit mein Herz dir nicht entgegeneilen? Wie könnte mein Vertrauen dann Grenzen finden?... (...) meine Torheit besteht in der Hoffnung, dass deine Liebe mich als Opfer annimmt ...* (Ms B, 5vº).

Im Prozess sagt Schwester Geneviève aus: „Auf die Wand ihrer Zelle hatte sie mit einer Sicherheitsnadel diese Worte geschrieben: *Jesus ist meine einzige Liebe* (PO, 360vº, S. 280; vgl. P 42, Str. 6, *unten*, S. 158 und RP 8). Könnte das nicht ein weiterer Beweis dafür sein, dass ihr Vertrauen, die konkrete Form ihrer Liebe, in Frage gestellt war?[40]

Sie hat wohl verstanden, dass es Sinn ihrer Prüfung war, sie soweit zu bringen, *deutlichere Zeichen ihrer Hingabe und ihrer Liebe* zu geben (CJ 10.7.14). Sie ist davon so fest überzeugt, dass sie sich vorstellt, die Heiligen *wollen vor allem sehen ..., ob ich das Vertrauen verliere ..., wie weit ich in meinem Vertrauen gehe...* (CJ 22.9.3). Gewiss gesteht sie sich ihre *Erbärmlichkeit* ein, aber das *schwächt* ihr *Vertrauen nicht, im Gegenteil* (CJ 12.8.3).

Nein, so versichert sie, *ich will mich nicht ändern, ich will mich weiterhin ganz dem lieben Gott hingeben* (CJ 5.9.4; vgl. oben S. 62ff.) Sie bleibt bei dieser Haltung während all dieser schmerzlichen Monate bis zu ihrem Tod. *Ja, mein Gott, ja, mein Gott, ich nehme gerne alles an! ...* (CJ 29.9.11).

Dabei wurde ihr bewusst, was sie sich in ihrem *Akt der Selbstaufopferung* vom 9. Juni 1895 vorgenommen hatte. Es war ihr Wunsch, ein *Brandopfer der Barmherzigen Liebe des lieben Gottes* zu sein, und sie hatte darum gefleht, Gott *möge Ströme unendlicher zärtlicher Liebe in ihre Seele gießen* (HA

---

[40] Eine der Besonderheiten an Thereses Charakter haben wir bereits aufgezeigt: Sie rudert nicht vergeblich gegen den Strom und lässt sich auch nicht durch eine Widrigkeit, eine Enttäuschung oder einen Misserfolg aus der Fassung bringen, sondern „macht aus der Not eine Tugend", wie Teresa von Avila, ihre Lehrmeisterin im Karmel, es formulierte. Mehr noch: Sie bemüht sich immer, weiter zu kommen, die Situation zu ihren Gunsten auszunutzen, indem sie etwas Gutes aus dem macht, was versuchte, sie niederzudrücken. Sie hat es gewissermaßen verstanden, alles auf eine Karte zu setzen wie im Spiel „Alles oder nichts", wobei sie ihr Vertrauen und ihre Hingabe verstärkte: *Und ich erweise ihm noch mehr Zärtlichkeiten, wenn er sich meinem Glauben entzieht* (PN 45, 21. Januar 1897). Wenn nichts mehr geht, sagt sie: *Nun gut, umso besser!* (CJ 30.9)

1972, S. 316f.). Sie mag zu jener Zeit geglaubt haben, sie werde vom Feuer der göttlichen Liebe verzehrt werden wie der brennende Busch, den Mose in der Wüste gesehen hatte, und werde so als *Märtyrerin der Liebe* sterben. In der Tat durchlebte sie dieses *Martyrium* nicht in der Fülle, sondern in der Entbehrung, nicht im Lichte, sondern in der Finsternis. Nicht die *Ströme der* göttlichen *zärtlichen Liebe* sollten sie überströmen, sondern Ströme der *Bitternis*. In der Einsamkeit und Armut ihres Klein-Seins tat sie in *vollkommenem Vertrauen* (Ms B, 5v°) und durch eine *kühne Hingabe* (a.a.O., 5r°) das, was sie von Gott erwartete: sie verschenkte in reichem Maße ihre Liebe, ohne diese zurückzufordern. Sie bot Gott den größten Beweis einer Liebe an, die sich bis zum Äußersten verschenkt, bis sie zum *Opfer der unendlichen Liebe* wird, von der sie sich geliebt weiß. Der offenkundigen und vollkommenen Hingabe Gottes entsprach eine vertrauende und vollkomme Hingabe ihrerseits.

Es steht außer Zweifel, dass Therese letztlich diesen gottgewollten Sinn ihrer Nacht verstanden hat. Sie bringt ihre Prüfung in Verbindung mit ihrem Wunsch, *zu lieben bis zum Sterben aus Liebe...* (Ms C, 7v°), indem sie unten auf der Seite den Jahrestag ihres *Aktes der Selbsthingabe, 9. Juni*, einträgt. Ihre Schwestern konnten das Mysterium der Liebe, das sie durchlebte, nicht verstehen. Auf ihre Äußerungen des Mitgefühls antwortet sie: *Als kleines Opfer der Liebe kann ich das, was mein Bräutigam mir aus Liebe schickt, nicht grauenvoll finden* (CJ 25.9.3). Schwester Geneviève gegenüber bekräftigt sie: *Ich sterbe als Märtyrerin der Liebe* (DE I, S. 620). Und in Form eines Gebetes schreibt sie ihr am 3. August 1897, inmitten ihrer schlimmsten Schmerzen: *O mein Gott, wie lieb bist du doch zu dem kleinen Opfer deiner Barmherzigen Liebe!* (LT 262). Gleichzeitig drückt sie ihren Glauben an die Güte Gottes und an seine barmherzige Liebe aus und zeigt so, dass sie ihre beiden Hauptschwierigkeiten gemeistert hat.

Um ihre Prüfung anzunehmen und um deren tiefen Sinn zu bestätigen, bekennt sie schließlich während ihres Todeskampfes in einer ihrer letzten Äußerungen: *Ich bereue nicht, mich der Liebe ausgeliefert zu haben* (CJ 30.9).[41]

---

[41] Mgr. Combes schreibt: „Wenn man einen spirituellen Weg in zwei Worten zusammenzufassen dürfte (...), dann würde ich gerne sagen, dass Thereses Innenleben (...) ganz wesentlich gekennzeichnet war durch eine beständige, unauffällige, hartnäckige und gelegentlich dramatische Prüfung ihrer Liebe. Es war eine umfassende Prüfung, sozusagen in zwei Phasen: In der ersten wird die Liebe durch den Glauben und die Hoffnung verteidigt, erleuchtet, gereinigt, gestärkt und gerettet; in der zweiten, der kürzeren, rettet die Liebe, die zur Vollkommenheit gelangt ist und unerschütterlich auf ihr göttliches Ziel zustrebt, ihrerseits den Glauben und gewinnt wieder die Hoffnung durch den Besitz ihres Zieles" (Introduction à la spiritualité de Sainte Thérèse de l'Enfant Jésus, Vrin 1948, S. 156–157). Es ist uns aufgegangen, dass diese Dialektik des Glaubens und der Hoffnung, die die Liebe „rettet", und umgekehrt, während des ganzen Lebens Thereses eine Rolle gespielt hat bis hin zu ihrer so genannten Glaubensprüfung und noch während dieser. Halten wir z. B. fest, dass ihre Sehnsucht nach Gott, die auf der von ihm ausgehenden Gewissheit gründete, immer größer wurde, ohne jemals Schwächen zu zeigen.

Vom Prototyp zur Serienfertigung

Der *kleine Weg* war einem derart strengen und harten Test unterzogen worden, wie ihn nur wenige Seelen je erleben; und er hat diesen Test bestanden. Der *Weg des Vertrauens und der Liebe* (LT 226; CJ 12.8.2), des *Klein-Seins* und der *Hingabe* führt zu dem Ziel, das er verheißt. Durch ihr Beispiel hat Therese bewiesen, dass es allen *kleinen Seelen* möglich ist, ihn zu gehen. Sie hat die Einwände, die man gegen ihn erheben konnte, widerlegt. Einige von ihnen hat Therese klar vorhergesehen. Etwa: *Es würde die Seelen nicht allzu sehr motivieren, wenn man der Meinung wäre, ich hätte nicht viel gelitten* (CJ 15.8.1).

Es gibt einen Einwand, dem Therese – und dies zu Recht – mehr Aufmerksamkeit geschenkt hat, denn dieser zielte auf den Kern ihrer *Lehre*. War ihr nicht das außerordentliche Privileg gewährt worden, die Unschuld ihrer Taufe vollkommen zu bewahren? Nicht zufällig war ihr die Feder aus der Hand gefallen, nachdem sie die letzten Zeilen ihrer *Geschichte einer Seele* geschrieben hatte: *Ja, ich fühle es. Und hätte ich auch alle Sünden, die man begehen kann, auf dem Gewissen, ich ginge reuigen Herzens hin, um mich Jesus in die Arme zu werfen, denn ich weiß, wie sehr er das verlorene Kind liebt, das zu ihm heimkehrt. In Vertrauen und Liebe wende ich mich dem lieben Gott zu, und nicht etwa weil er in seiner wohlwollenden Barmherzigkeit meine Seele vor der Todsünde bewahrt hat* (Ms C, 36v°).[42]

---

42 Therese hat Mutter Agnès inständig darum gebeten, in ihre „Geschichte

einer Seele" als Zusatz einfügen zu lassen: *die Geschichte einer bekehrten Sünderin, die vor Liebe gestorben ist; die Seelen werden das sofort verstehen, denn das ist ein so markantes Beispiel für das, was ich sagen möchte, aber Derartiges kann man nicht ausdrücken* (CJ 11.7.6; vgl. CJ 20.7.3). *Die Novissima Verba* ergänzen diesen Text aus dem Gelben Heft. Vgl. DE II, S. 135.

Nachwort: „Die Bewährung"

Mehr noch, wir rühmen uns ebenso unserer Bedrängnis; denn wir wissen: Bedrängnis bewirkt Geduld, Geduld aber Bewährung, Bewährung Hoffnung. Die Hoffnung aber lässt nicht zugrunde gehen; denn die Liebe Gottes ist ausgegossen in unsere Herzen durch den Heiligen Geist, der uns gegeben ist.

(Röm 5,3-5)

In einer Anmerkung zu diesem Satz des heiligen Paulus erklärt die Ökumenische Bibel (die französische „Einheitsübersetzung"), dass „zum Leben der Gläubigen und vor allem der Apostel ganz wesentlich die Mühsal gehört. (...) Paulus will sagen, dass der Gläubige sich nicht der Bedrängnis an sich rühmt, noch der Anstrengungen, die er unternehmen würde, um sie zu überwinden; er überlässt all seine Zuversicht der Gnade Gottes, die sich ja gerade über die Schwachheit des Menschen ergießt" (TOB, S. 461, Anm. c).

Therese hat die „Bewährung" durchlebt, von der der Apostel spricht; „buchstäblich *die Bewährungsprobe*, d.h. den Qualifikationstest, der erlaubt festzustellen, ob eine Person oder eine Sache über gewisse Fähigkeiten oder Eigenschaften verfügt oder nicht" (a.a.O., Anm. d). Sie hat diese Erfahrung gemacht, die jedem Christen in der Nachfolge Christi in unterschiedlichem Maße zugemutet wird, denn „ein Jünger steht nicht über seinem Meister" (Mt 10,24).

Das Zeugnis Thereses berührt uns unter vielen anderen ganz besonders, nicht nur weil es sich hier um einen bestandenen Test handelt, sondern vor allem weil es aufgrund seiner Tiefe und seiner Wahrheit die wesentlichen Züge der Situation des Menschen der Gegenwart und aller Zeiten, von Ijob und Abraham bis zu den *kleinen Seelen* unserer Tage, ausdrückt. Wer sich der Grenzen und der Größe seiner Existenz bewusst geworden ist, sei er nun gläubig oder ungläubig, kann sich in Therese wiedererkennen und sich als ihren Bruder betrachten.

Ihre Prüfung war eine Glaubensprüfung, nicht im theologischen sondern im biblischen Sinn des Wortes, d. h. des *lebendigen Glaubens*, der zusammen mit der Hoffnung und der Liebe die gesamte christliche Existenz umfasst.

Wir konnten erkennen, dass der von Therese geführte Kampf bei weitem über ihre Person hinausging, um sich mit dem Kampf Christi und all derjenigen zu vereinen, die auf der Suche nach dem Licht der Wahrheit und der Fülle der Liebe sind.

Wenn es stimmt, dass der in Todesgefahr schwebende oder sterbende Mensch einen Augenblick lang die entscheidenden Phasen seines Lebens wiedersieht, dann hat Therese ihren Tod vom Anfang bis zum Ende ihrer anderthalbjährigen Krankheit erlebt. So sicher wie aus dem menschlichen Empfinden die Vergangenheit nie ganz verdrängt werden kann, so sicher tauchten auch bei Therese die Schwierigkeiten und bedrängenden Vorstellungen aus den Tagen ihrer Kindheit und Jugend wieder aus dem Schatten auf. Aber gleichzeitig erschienen in dieser in der *Geschichte einer Seele* vorgelegten Rückschau die entscheidenden Stunden ihres Weges zu Gott in einem helleren Licht. Und diese sind anzusehen als die Etappen, welche die Entdeckung und Vollendung ihres kleinen Weges vorbereiteten. Man kann sagen, dass diese letzten Monate uns eine Gesamtschau, eine echte Synthese von Thereses Leben bieten, das durchgehend eine erstaunliche Stimmigkeit offenbart. Deshalb ist Thereses Prüfung so reich an Lehren, so voller Menschlichkeit und so voll vom Atem Gottes.

Wir haben Therese gebeten, uns ihre persönliche Deutung ihrer Prüfung zu geben. Trotz allem spüren wir, dass uns noch ein Teil ihres Geheimnisses verborgen bleibt. Das ist keinesfalls erstaunlich, wenn wir bedenken, dass eine Besonderheit der theresianischen Spiritualität darin besteht, dass sie keinem Schema und keiner Begrifflichkeit zuzuordnen ist, vor allem weil sie gleichsam aus einer Quelle sprudelndes Leben ist. Wenn man glaubt, es verstanden zu haben, entdeckt man, dass es dahinter noch etwas gibt, das uns immer weiter in die Tiefen des Geheimnisses der von der Liebe Gottes erfüllten Seele führt.

Wie das Wasser der Quelle, dessen Klarheit und Frische den Blick erfreuen, das wir aber nicht greifen können, so lädt uns Therese ein, ihr zu folgen und die Erfahrung des *kleinen Weges* zu machen, der zu jener Einfachheit des Kindes führt, dem das Himmelreich verheißen worden ist.

Anhang

„Der Betrug des Léo Taxil"

Etwa einen Monat nach dem Beginn ihrer Glaubensprüfung (5. April 1896) erhielt Therese Kenntnis von Schriften, die im Mittelpunkt der religiösen Presse jener Zeit standen. Es handelte sich um den Bericht und die Gedanken einer gewissen Diana Vaughan, die behauptete, sie sei zum Katholizismus übergetreten, nachdem sie Mitglied einer Freimaurer-Sekte gewesen war. In Wirklichkeit war der Verfasser dieser Falschmeldung kein Anderer als ein Gegner der Kirche und des Glaubens mit Namen Léo Taxil.
Wie ihre Mitschwestern im Karmel und die katholische Welt jener Zeit so war auch Therese von den frommen Empfindungen Diana Vaughans derart eingenommen, dass sie sich diese als Karmelitin in Lisieux wünschte. Beim Abfassen der Handschrift B schickte Therese ihr sogar Bilder und machte sie zum Gegenstand eines ihrer Theaterstücke, nämlich von „Le Triomphe de l'humilité". Der Text wurde 1975 von den Editions du Cerf veröffentlicht mit dem Untertitel „Thérèse mystifiée (1896–1897). L'Affaire Léo Taxil et le Manuscrit B".
Der Betrug des Herrn Léo Taxil wurde von ihm selbst erst während einer Pressekonferenz in Paris am 19. April 1897 enthüllt, also ein Jahr nach dem Beginn von Thereses Glaubensprüfung. Sie hatte damals nur noch fünf Monate zu leben.
Die Chronologie der Geschehnisse und die Reaktionen der Heiligen belegen, dass diese Täuschung sie in ihrem Glaubenskampf nur oberflächlich berührt hat. Dass sie in einem so sensiblen Punkt ihres spirituellen Lebens getäuscht worden war, hat sie tatsächlich gedemütigt und vor allem betrübt, weil hier Heiliges verunehrt und einfache Gläubige lächerlich gemacht worden waren.

Die Seelenstärke, die Zurückhaltung und die Würde, die sie in dieser Situation bewies, zeigen, dass sie nicht, wie beispielsweise Schwester Geneviève, zutiefst erschüttert war, sondern die Gelegenheit nutzte, um ihr Gebet für die „armen Sünder" zu verstärken und das Gefühl ihrer Solidarität mit ihnen zu vertiefen, um ihnen so die Barmherzigkeit des Herrn zu erwirken. Als Abschluss dieser Anmerkung wollen wir nur noch diese Worte zitieren, die sie uns zwei Monate vor ihrem Tode anvertraute:

Mein Herz ist ganz ausgefüllt vom Willen Gottes, so sehr, dass alles, was man darauf gießt, nicht in sein Inneres eindringt, es ist ein Nichts, das leicht abfließt, so wie Öl, das sich nicht mit Wasser vermischen lässt. Im Grunde meiner Seele bleibe ich immer in einem tiefen Frieden, den nichts trüben kann (D.E., 14.7.9., S. 263).

5. April 1990

Wegmarken

2. April 1896 bis 30. September 1897

Die verschiedenen Veröffentlichungen der Edition du Centenaire (Ausgabe zur Hundertjahrfeier) liefern ausführliche und vollständige Zeitangaben zu Thereses Leben.
Wir glaubten, dem persönlichen Nachdenken des Lesers entgegenzukommen, wenn wir hier in chronologischer Reihenfolge die wichtigsten Texte wiedergeben, die sich auf Thereses Glaubensprüfung beziehen. Wir weisen jedoch nochmals darauf hin, dass die genaue Aussage eines Textes nur richtig erfasst werden kann, wenn er in seinen Kontext gestellt wird.
Bezüglich der Krankheit verweisen wir auf die Tagebuch-Aufzeichnungen in DE I, S. 147–186.

1896

2./3. April (Nacht von Gründonnerstag auf Karfreitag; Bluthusten):
Ich fühlte, wie etwas einer Flut gleich aufstieg,
kochend bis zu meinen Lippen (Ms C, 4v°).
5. April (Ostersonntag):
Jesus, das Gewitter tobte gar heftig in meiner Seele seit dem schönen Fest deines Sieges, dem strahlenden Osterfest (Ms B, 2r°).
In den so fröhlichen Tagen der Osterzeit ließ Jesus es zu,
dass dichteste Finsternisse in meine Seele eindrangen (Ms C, 5v°).
11. April:
Dann werden wir den Preis des Leidens und der Prüfung begreifen (LT 186).
30. April (Profess von Schwester Marie de la Trinité):
Wenn ich auch ohne Licht sehr leide (...), will ich aus Liebe gerne leben in den Finsternissen der Verbannung (P 30).

10. Mai.

Am 10. Mai (...) erkannte ich die ehrwürdige Mutter Anne de Jésus (...), der Sturm tobte damals nicht (...), ich glaubte, ich fühlte, dass es einen Himmel gibt (Ms B, 21r°/v°).

7. Juni (Fronleichnam)

Dann fühle ich nicht mehr die Prüfung des Glaubens. (...) Mein Himmel ist, diesem Gott, den ich anbete, zuzulächeln, wenn er sich verbergen will, um meinen Glauben zu prüfen (P 32).

12. Juni (Herz-Jesu-Fest)

Wenn ich von den Freuden des anderen Lebens träume,
spüre ich die Last meiner Verbannung nicht mehr (P 33).

21. Juni (Namenstag von Mutter Marie de Gonzague)

„Selig, die nicht sehen und doch glauben" (RP 7; vgl. DE I, S. 558, Anm. vom 11.9.7).

22./24. Juni Triduum mit Pater Godefroid Madelaine

28. Juni (Priesterweihe von P. Roulland)

Blumen streuen, Jesus, das ist meine Waffe, wenn ich kämpfen will,
um die Sünder zu retten (P 34).

16. Juli

Er schien uns bereits dem Martyrium entgegenzueilen ... (LT 192).
Ich werde die Schwester eines Märtyrers sein!!! ... (P 35).

6. August Weihe an das Heilige Antlitz.

Dein verhüllter Blick allein ist unser Himmel, Jesus.

15. August

Wenn der Sturm sich in meinem Herzen erhebt (...),
in deinem barmherzigen Blick lese ich:
„Kind, für dich habe ich den Himmel gemacht!" (P 36).

8. September: Sechster Jahrestag von Thereses Profess;
Abfassung der Handschrift B, 2. Teil, an Jesus.

Mitunter (...) scheint ihm, er könne nicht glauben, dass es irgend etwas

anderes gibt als die Wolken, die ihn einhüllen (5r°).
13./16. September (Brief an Schwester Marie du Sacré-Coeur: Handschrift B, 1. Teil, um ihr den Text vom 8. September zuzueignen)
Ohne sich zu zeigen, ohne seine Stimme hören zu lassen,
unterweist mich Jesus (LT 196 = Ms B, 11r°/v°).
17. September (Brief an Schwester Marie du Sacré-Coeur, Ergänzung zu Handschrift B)
Lieben wir es, nichts zu fühlen (LT 197).
8./15. Oktober: Exerzitien mit Pater Godefroid Madelaine
Therese schreibt das *Credo* mit ihrem Blut. (Vgl. Anm. 11, S. 58)
21. Oktober
„Wer nicht versucht wurde, was weiß der?..." (LT 198)
Dezember
Er sagt mir: Einfache Hingabe! Ich will deinen Nachen lenken (P 42).
24. Dezember
Ich kenne den Wert des Leidens und der Herzensangst (LT 211).

1897

9. Januar
„Wenn es einen Himmel gibt, dann ist er für mich" (LT 216).
21. Januar (Namenstag von Mutter Agnès de Jésus)
Wenn der blaue Himmel dunkel wird und mich im Stich zu lassen scheint (...),
und ich verdoppele die Zärtlichkeiten,
wenn er sich meinem Glauben entzieht (LT 42).
2. Februar
An Théophane Vénard:
Auf Erden möchte ich für die Sünder kämpfen, leiden (P 47).
8. Februar
Ich habe einen Wunsch ..., sag mir doch, dass die Seligen im Himmel immer
noch für das Heil der Menschen arbeiten können (RP 8).

4./12. März: Thereses Novene an den hl. Franz Xaver,
um nach ihrem Tod Gutes tun zu können (Vgl. Anm. 25, S. 98).
19. März
Ich möchte Seelen retten (...),
selbst nach meinem Tod möchte ich noch Seelen retten (LT 221).
25. März Profess von Schwester Marie de l'Eucharistie
„Meine Waffen": Ich dagegen rufe in der Nacht der Erde (...) (P 48).
Anfang April (Ende der Fastenzeit)
Therese wird ernstlich krank.
6. April
Anfang der LETZTEN GESPRÄCHE
Mai
„Warum ich dich liebe, Maria!": Mutter, dieser Sohn voll Güte möchte, dass
du für die Seele, die ihn in der Nacht des Glaubens sucht, Vorbild seiest. (...)
Gerne kann er sich verbergen, und ich bin bereit, auf ihn zu warten bis zum
Tag ohne Untergang, wenn mein Glaube erlöschen darf ... (P 54).
21./26. Mai
Wenn ich nicht in dieser Seelenprüfung stünde,
die ich nicht verstehen kann ... (CJ).
27. Mai
Wenn der Himmel so schwarz ist, dass ich keinen Lichtstrahl sehe (...) (CJ).
28. Mai
Jesus tut gut daran, sich zu verbergen, nur von Zeit zu Zeit zu mir zu
sprechen und dann noch „durch die Gitter" (LT 230).
31. Mai
Über den Wolken ist der Himmel immer blau (P 52).
3. Juni: Auf Anweisung von Mutter Marie de Gonzague fängt Therese mit der Handschrift C an.
Oh! wenn die Prüfung, die ich seit einem Jahr erdulde, offen zu Tage träte,
wie würde man sich verwundern! ... (4v°)

4. Juni
Ich fühlte gleichsam Todesängste.... und das ohne jeden Trost! (CJ)
Ich nehme alles an, (...) sogar alle möglichen ungereimten Gedanken, die mir in den Sinn kommen (CJ).
6. Juni
„*Halten Sie sich nicht dabei auf, das ist sehr gefährlich*" (CJ).
9. Juni: Zweiter Jahrestag des Weiheaktes an die barmherzige Liebe
Es ist kein Schleier mehr für mich, es ist eine bis zum Himmel ragende Mauer (Ms C, 7v°). *Sie ist wie vorübergehend aufgehoben. Die bösen Schlangen zischen mir nicht mehr ins Ohr* (CJ).
Juni
Seitdem er zugelassen hat, dass ich Anfechtungen gegen den Glauben *erdulde, hat er in meinem Herzen den* Geist des Glaubens *sehr vermehrt* (Ms C, 11r°).
Dieses Jahr (...) hat der liebe Gott mir die Gnade geschenkt zu verstehen, was die christliche Liebe ist (Ms C, 11v°).
29. Juni
Meine Seele ist in der Verbannung, der Himmel ist für mich verschlossen (CJ).
3. Juli
Der Himmel ist es, auf den all das zielt (CJ).
4. Juli
Aus Liebe sterben heißt nicht, in Verzückung sterben (CJ).
8. Juli: Therese wird in die Krankenzelle gebracht.
Anfang Juli (Handschrift C bleibt unvollendet.)
Vor allem aber ahme ich das Verhalten Maria Magdalenas nach (...) (Ms C, 36v°).
11. Juli
„*Da der Gottessohn gewollt hat, dass seine Mutter der Nacht unterworfen war ...*" (CJ in Anlehnung an P 54).

17. Juli
Ich fühle, dass meine Sendung anfangen wird (...),
ich will meinen Himmel damit verbringen, auf Erden Gutes zu tun (CJ).
18. Juli
Ah, könnten Sie ein paar Augenblicke in meiner Seele lesen,
Sie wären überrascht! (LT 258)
22. Juli
Aber aus Mitleid mit den Sündern, um ihre Bekehrung zu erlangen (...)
(LT 259).
Es ist wie (...) ein Blitz inmitten meiner Finsternis ... (CJ).
23. Juli
Nein, was erzählen Sie mir denn da! (CJ)
30. Juli   Therese empfängt die Letzte Ölung.
3. August
Sogar jetzt, da du zu den Prüfungen der Seele das äußere Leiden hinzufügst
(...) (LT 262).
4. August
Oh, wie fühle ich, dass ich den Mut verlieren würde,
wenn ich nicht den Glauben hätte! (CJ)
6. August
Ich habe eine ganze Menge Versuchungen zurückgewiesen ... Ah! Ich habe
eine ganze Menge Glaubensakte erweckt ... (CJ).
7. August
Ich verstehe sehr gut, dass der heilige Petrus gefallen ist (CJ).
8. August
Ich bewundere den natürlichen Himmel;
der andere ist mir mehr und mehr verschlossen (CJ).
10. August
Ist es möglich, dass man den lieben Gott und die Heilige Jungfrau so liebt
und dabei solche Gedanken hat!... (CJ).

11. August
Ich habe mehr danach verlangt,
(...) in der Nacht des Glaubens zu bleiben (...) (CJ).
12. August
Ich fühlte mich – wie der Zöllner – sehr sündig (CJ).
13. August
Was mich betrifft, so habe ich nur Erleuchtungen,
die mich mein kleines Nichts erkennen lassen.
Das nützt mir mehr als Erleuchtungen über den Glauben (CJ).
15. August
Und dann würde man sagen, er will mir „weismachen",
dass es keinen Himmel gibt! ... (CJ).
16. August
Der Teufel ist um mich herum,
(...) er verstärkt meine Schmerzen,
damit ich verzweifle (DE/G).
20. August
Ich möchte sicher sein, dass sie mich liebt, die Heilige Jungfrau (CJ).
25. August
Ich glaube, der Teufel hat den lieben Gott um Erlaubnis gebeten,
mich durch äußerste Leiden zu versuchen,
damit ich gegen die Geduld und gegen den Glauben fehle (CJ).
28. August
Schauen Sie! Sehen Sie da drüben das schwarze Loch (...)? (CJ)
29. August
Es ist ein Leiden ohne Unruhe (CJ).
2. September
Meine innere Prüfung gegen den Glauben
habe ich vor allem für eine Person aufgeopfert,
die unserer Familie nahe steht und keinen Glauben hat (CJ).

5. September
Wenn es kein Ewiges Leben gäbe, oh! ja! ...
aber vielleicht gibt es eines ... und das ist sogar sicher! (CJ)
8. September: Therese begeht den siebten Jahrestag ihrer Profess.
Sie wendet sich mit ihren letzten handgeschriebenen Zeilen an *die*
Himmelskönigin.
Und doch dauert im Innern die Prüfung ununterbrochen an ... (CJ).
22. September
Sie wollen sehen ..., wie weit ich mein Vertrauen treiben werde ... (CJ).
Ja!!! Welche Gnade, den Glauben zu haben!
Hätte ich nicht den Glauben gehabt,
ich hätte mich umgebracht, ohne einen einzigen Augenblick zu zögern (CJ).
24. September
Aber meine Seele ist trotz der Finsternis in einem erstaunlichen Frieden (CJ).
29. September
Ja, mein Gott, ja, mein Gott, ich will gern alles! ... (CJ)
30. September
Ah! Mein guter Gott! ... Ja, er ist sehr gut ...
(Einige Minuten nach 7 Uhr am Abend:)
Oh, ich liebe ihn! ... Mein Gott ... Ich liebe dich! ... (CJ)

Texte der Prozessakten

Es folgen die wichtigsten Texte der Prozessakten, die Thereses Glaubensprüfung erwähnen. Es ist allerdings hervorzuheben, dass diese Zeugenaussagen noch nicht Gegenstand einer wissenschaftlichen Studie waren.

Wir zitieren den Bischöflichen Informativprozess (PO) (1910–1911) nach der Ausgabe Teresianum von 1973. Die Parallel- oder Ergänzungstexte des Apostolischen Prozesses (PA) (1915–1916) sind dem Summarium II mit Verweis auf die LETZTEN GESPRÄCHE entnommen.

ARTIKEL

PO, 37r°, S. 22, Artikel 25. – Gott erlaubte nun eine neue Prüfung: Heftige Versuchungen gegen den Glauben bestürmten sie und verursachten ihr ein unaussprechliches Martyrium. Diese Angriffe zielten insbesondere auf die Existenz des Himmels ab. In dieser dunklen Nacht vermehrte sie die Akte und Werke des Glaubens, sie opferte ihre Leiden auf zur Wiedergutmachung der Fehler, die auf Erden gegen diese Tugend begangen werden.

PO, 41r°/v°, S. 27, Artikel 32. – Der Glaube, der die Seele ihres Ordenslebens war und ihr ihre Worte und ihre Schriften eingab, wurde von heftigen und anhaltenden Versuchungen erschüttert; diese machten ihn umso verdienstvoller. Es war am Anfang ihrer Krankheit. Sie beschreibt sie folgendermaßen (vgl. Histoire d'une Ame, 1907, S. 158–160).

Auf Veranlassung eines sehr erleuchteten Ordensmannes, dem sie ihre Qualen anvertraut hatte, trug sie den Text des Apostolischen Glaubensbekenntnisses, den sie mit ihrem Blut niedergeschrieben hatte, bei sich. Man sollte sich nicht über die Intensität dieser Versuchungen täuschen, wenn man die Gedichte liest, die sie zu jener Zeit geschrieben hat, denn sie beteuert: *Wenn ich das Glück des Himmels besinge ...* (vgl. Histoire d'une Ame, 1907, S. 161).

PO, 67r°, S. 59, Artikel 96. – Trotz der ständig wiederkehrenden Versuchungen gegen den Glauben bleibt sie treu auf ihrem Weg des Vertrauens und der Hingabe.

PO, 67v°, S. 59, Artikel 97. – Der Teufel wiederholte seine Angriffe: *Gestern Abend,* so sagte sie zu Mutter Agnès de Jésus, *wurde ich von einer echten Angst gepackt, und die Finsternis in mir nahm zu. Und ich weiß nicht, welche verfluchte Stimme zu mir sagte: Bist du sicher, dass dich Gott liebt? Ist er gekommen und hat es dir gesagt? Du wirst vor ihm nicht durch die Meinung einiger Geschöpfe gerechtfertigt werden. (...)* 68r°. – Bis ans Ende litt die Kranke unter qualvollen Angstzuständen.

ZEUGEN

Agnès de Jésus OCD
PO, 165v°/166v°, S. 152–153. – Gegen Ende ihres Lebens wurde sie von einer sehr schmerzlichen Versuchung gegen den Gedanken an den Himmel gepackt. Wie immer hat sie mir gegenüber damals oft ihre Gedanken und Eindrücke geäußert. Ich könnte sie nicht besser wiedergeben als nochmals auf das zu verweisen, was sie darüber in ihrem Lebensbericht geschrieben hat; hier wird genau das ausgedrückt, was sie zu mir sagte: *Ich erfreute mich damals eines so lebendigen Glaubens,* usw. (vgl. Ms C, 5r°/7r°).

PO, 170v°, S. 153–154. – Ich erinnere mich, dass sie während ihrer letzten Krankheit, als sie eines Tages besonders unter ihren Versuchungen gegen den Glauben litt, diese Strophe aus einem ihrer Gedichte aufsagte: *Da der Sohn Gottes wollte, dass seine Mutter* usw. (Vgl. P 54, Str. 16).

Ich war zu diesem Zeitpunkt bei ihr. Es war am 11. Juli 1897.

PO, 172v°, S. 155. – Sie sagte, die großen Versuchungen gegen den Glauben hätten von ihrer Sehnsucht nach dem Himmel nur das weggenommen, was allzu natürlich an ihr gewesen sei.

PO, 245r°/v°, S. 179. – Ihre Seele war wegen ihrer Versuchung gegen die Existenz des Himmels bis zum Ende in eine echte Nacht getaucht. Sie vertraute mir an, wie sehr sie litt, und sagte zu mir: *wie kann man nur solche Gedanken hegen und den lieben Gott so sehr lieben?* Dieser Zettel, den sie am 3. August schrieb, fasst gut die Empfindungen ihrer Seele angesichts des körperlichen und seelischen Leidens zusammen: *O mein Gott, wie gut bist du doch zum kleinen Opfer deiner Barmherzigen Liebe!* usw. (Vgl. LT 262).

NPPA, Ihre Glaubensprüfung. – Um sie zu trösten, las ich ihr eines Tages einen sehr schönen Abschnitt irgendeines Autors über den Himmel vor: *Ach,* sagte sie mit einem Seufzer zu mir, *ich habe kein einziges Wort von dem, was Sie vorgelesen haben, verstanden* (DE I, S. 483).

NPPA, Ihre Glaubensprüfung. – Abbé Youf, unser Beichtvater, tröstete sie auch nicht besser. Nach einer ihrer Beichten sagte sie zu mir in der Krankenzelle: *Der liebe Gott gewährt mir eine große Gnade, dass ich nicht in Verwirrung gerate durch die Worte des Abbé Youf. Ich habe ihm meine Versuchungen anvertraut, und darauf hat er mir mit Entsetzen geantwortet: „Halten Sie sich keinesfalls bei solchen Gedanken auf, denn das ist sehr gefährlich"* (DE II, S. 436).

NPPA, Ihre Glaubensprüfung. – Eines Abends fühlte sie sich in der Krankenzelle gedrängt, mir mehr als gewohnt ihre Schmerzen anzuvertrauen. Über dieses Thema hatte sie bislang ihr Herz derart noch nicht ausgeschüttet. Bis dahin hatte ich nur eine Ahnung von ihrer Prüfung.

Wenn Sie wüssten, sagte sie zu mir, *welch abscheuliche Gedanken mich verfolgen! Beten Sie fest für mich, dass ich dem Teufel kein Gehör schenke, der mir so viele Lügen einreden will. Die Argumente der übelsten Materia-*

listen drängen sich meinem Verstand auf: Später wird die Wissenschaft, die ständig weitere Fortschritte macht, alles auf natürliche Weise erklären. Wir werden den Urgrund all dessen finden, was existiert und was jetzt noch eine Schwierigkeit darstellt, weil noch vieles zu entdecken bleibt.... usw.

Nach meinem Tod will ich Gutes tun, aber ich werde es nicht können! Es wird wie bei Mutter Geneviève sein: Man erwartete, dass durch sie Wunder geschehen würden, und nun breitet sich über ihrem Grab absolute Stille aus...

O meine kleine Mutter, wie kann man nur solche Gedanken hegen, wenn man den lieben Gott so sehr liebt!

Nun, ich opfere diese großen Schmerzen auf, um den armen Ungläubigen das Licht des Glaubens zu erwirken, und für all jene, die sich vom Glauben der Kirche entfernen. Sie fügte hinzu, dass sie niemals solch finsteren Gedanken nachginge: *Ich erdulde sie gezwungenermaßen, sagte sie, aber während ich sie erdulde, erwecke ich ständig Glaubensakte* (DE II, S. 471–472).

PA, 568. – Der Geist der Finsternis, der auf diese treue Seele eifersüchtig war, versuchte gegen Ende ihres Lebens, durch eine entsetzliche Versuchung gegen den Glauben ihr kindliches Gottvertrauen zu schwächen. Er wurde aber besiegt durch ihre heroische Wachsamkeit und ihre beständige Zuflucht zu Gott.

PA, 575/576. – Ab Ostern 1896 litt Schwester Therese vom Kinde Jesus unter großen Versuchungen gegen den Glauben; ihre Versuchungen bezogen sich vor allem auf die Existenz des Himmels. Diese erduldete sie bis zu ihrem Tode. Eine teuflische Stimme gab ihr ein, auf den Tod folge das Nichts. Eines Tages sagte sie zu mir: *Niemand kann die Finsternis, in der ich lebe, begreifen. Meine Seele ist in die dunkelste Nacht eingetaucht, aber dort bin ich im Frieden.* Sie ließ uns in der Tat erkennen, dass sie im Frieden war. Nie war sie dem Himmel näher als zu der Zeit, da ihr der Himmel verborgen war: Damals schrieb sie ihre schönsten Gedichte, bei denen man meinen könnte, der Schleier des Glaubens sei für sie gefallen. In der Krankenzelle fühlte sie sich eines Tages gedrängt, mir mehr als gewöhnlich ihre Qualen anzuvertrauen. *Wenn Sie wüssten*, sagte sie zu mir, *welch abscheuliche Gedanken mich verfolgen! Beten Sie fest für mich, damit ich dem Teufel, der mir so viele Lügen einreden will, kein Gehör schenke. Es sind Argumente der übelsten Materialisten, die sich da meinem Verstand aufdrängen; oh meine kleine Mutter, wie kann man nur solche Gedanken hegen, wenn man den lieben Gott so sehr liebt!* Und sie fügte hinzu, sie ginge nie solch finsteren Gedanken nach: *Ich erdulde sie gezwungenermaßen*, sagte sie, *aber während ich sie erdulde, erwecke ich ständig Glaubensakte* (vgl. DE II, S. 472).

PA, 577. – Dem Rat eines der nicht ständigen Beichtväter folgend, hatte sie das *Credo* mit ihrem Blut ans Ende des Büchleins der Heiligen Evangelien geschrieben, das sie stets auf ihrem Herzen trug.

PA, 578. – Auf dem Höhepunkt ihrer Versuchungen gegen den Glauben sagte sie zu mir: *Ich opfere diese großen Qualen auf, um den armen Ungläubigen das Licht des Glaubens zu erwirken, und für all jene, die sich vom Glauben der Kirche entfernen.*

PA, 594. – Als sie mir eines Tages ihre innere Verlassenheit offenbarte, wie sehr Jesus ihr verborgen war, sagte ich zu ihr: „Ist die Heilige Jungfrau auch verborgen?" *Nein*, antwortete sie mir in lebhaftem Ton, *die Heilige Jungfrau ist für mich nie verborgen. Und wenn ich den lieben Gott nicht mehr sehe, dann erledigt sie für mich alle Besorgungen. Dann lasse ich ihm durch sie vor allem ausrichten, er brauche sich nicht zu scheuen, mir Prüfungen zu schicken* (DE II, S. 442).

PA, 602. – Während ihrer letzten Krankheit sagte sie zu mir, trotz ihrer schrecklichen Versuchungen hinsichtlich des Glaubens an das zukünftige Leben: *Hätte ich nicht diese Versuchungen hinsichtlich des Glaubens, die mir jede Freude am Gedanken an den Himmel rauben, dann würde ich, so glaube ich, vor Freude sterben bei dem Gedanken, dass ich bald diese Erde verlassen werde* (DE II, S. 433).

PA, 607. – Ihre beständige Hoffnung ließ auch während der größten Prüfungen niemals nach. Am 7. Juli 1897, kaum drei Monate vor ihrem Tod, zur Zeit der großen Versuchungen und des großen Leidens, sagte sie zu mir: *Seit meiner Kindheit begeisterte mich dieses Wort Ijobs: „Selbst wenn Gott mich töten würde, würde ich noch auf ihn hoffen"* (DE II, S. 441).

PA, 684. – Ich weiß, dass sie alles den Priestern anvertraute (...). Von mehreren erbat sie Hilfe und Trost, um sich in ihrer schweren Prüfung gegen den Glauben klug zu verhalten.

PA, 2382/2383. – In der Nacht vom 5. zum 6. August, dem Fest der Verklärung des Herrn, hatte man ganz dicht neben ihrem Bett ein großes Bild des heiligen Antlitzes aufgestellt, eingerahmt von Blumen und erhellt von einem Nachtlicht. So sehr wie in jener Nacht hatte sie noch nie durch ihre Versuchung gegen den Glauben gelitten: *O meine Mutter, sagte sie zu mir, wie sehr bin ich doch heute Nacht versucht worden! Aber ich habe nicht aufgehört, das heilige Antlitz zu betrachten und Glaubensakte zu erwecken* (DE II, S. 467).

PA, 2385. – Dennoch raubte die Finsternis ihrer Seele ihr nicht ihr Lächeln und ihre liebenswürdige Einfachheit.

Marie du Sacré-Coeur OCD

PO, 309 bis v°, S. 245. – Selbst zur Zeit ihrer größten Prüfungen schien sie nur aus der Freude zu leben, und zwar derart, dass ich von ihren Qualen während ihrer großen Versuchungen erst durch die Lektüre ihres Manuskripts nach ihrem Tode erfuhr.

PA, 813 – Auch in den Ratschlägen, die die Dienerin Gottes den anderen gab, war sie sehr klug. In einem vertraulichen Gespräch (zu Ostern 1897) fragte sie mich, ob ich manchmal Versuchungen gegen den Glauben gehabt hätte. Ihre Frage überraschte mich, denn von ihren Versuchungen gegen den Glauben wusste ich nichts; ich erfuhr erst später davon, vor allem durch die Lektüre der *Geschichte einer Seele*. Ich fragte sie daher, ob sie denn selbst solche hätte; aber sie antwortete vage und lenkte das Gespräch in eine andere Richtung. Später verstand ich, dass sie mir nichts sagen wollte. Sie fürchtete wohl, sie könnte mich mit ihren Versuchungen anstecken. Ihre Klugheit in dieser Situation hat mich sehr erstaunt.

NPPA. – In der Nacht, in der die Krankenschwester bei Schwester Therese vom Kinde Jesu eine geweihte Kerze anzündete, wachte ich auch bei ihr. Und da ich sie stöhnen hörte, trat ich mit der Krankenschwester ans Bett heran. Sie bat uns um Weihwasser und sagte: *Oh, ich leide sehr! Und ich kann mich auch überhaupt nicht mehr bewegen. Mir ist, als würde ich von einer eisernen Hand festgehalten. Oh, beten Sie für mich! Ich glaube, der Teufel verstärkt meine Qualen, um mich zur Verzweiflung zu bringen. Ich leide nicht für mich, sondern für eine andere.... und er will nicht....* Als die Kerze angezündet wurde, hörte dieser Angstzustand auf (DE II, S. 476).

PA, 2400. – Zwei Tage vor ihrem Tod bat sie uns um Weihwasser. Sie sagte: *Oh, ich leide sehr. Ich kann mich gar nicht mehr bewegen; mir ist, als würde ich von einer eisernen Hand festgehalten. Oh, beten Sie für mich! Ich glaube, der Teufel verstärkt meine Qualen, um mich zur Verzweiflung zu bringen. Ich leide nicht für mich, sondern für einen anderen.... und er will nicht....* (DE II, S. 477).

Geneviève de Sainte-Thérèse OCD

PO, 353v°/354r°, S. 276. – Der Glaube, der ihr Leben beseelte, wurde durch eine Versuchung auf eine harte Probe gestellt. Sie selbst berichtet davon: „Histoire de sa vie", S. 158ff. Diese Anfechtungen betrafen vor allem die Existenz des Himmels. Sie sprach mit niemand darüber, da sie fürchtete, sie könnte andere mit ihren unaussprechlichen Qualen anstecken. Dennoch vergaß sie sich manchmal bei unseren vertraulichen Gesprächen und sagte: *Wenn Sie wüssten! Oh, wenn Sie nur fünf Minuten die Prüfungen durchmachen müssten, die ich erleide!* Sie offenbarte diese Versuchung den Beichtvätern, mit denen sie sich unterhalten durfte. Einer von ihnen verstärkte noch ihre Beunruhigung, indem er ihr den Zustand, in dem sie sich befand, als *sehr gefährlich* darstellte. Entsprechend dem Rat eines erleuchteten Seelsorgers, schrieb sie das Glaubensbekenntnis ab und trug es ständig bei sich; sie wollte es mit ihrem Blut schreiben. Sie sagte zu mir, sie hätte sehr oft Glaubensakte erweckt, um gegen diese Versuchung anzukämpfen. Diese Prüfung dauerte bis zu ihrem Tode.

PA, 864. – Sie wurde aber vor allem durch eine schreckliche Versuchung gegen den Glauben geprüft, eine Versuchung, die zwei Jahre vor ihrem Tod über sie kam und erst mit ihrem Tode endete. Diese Anfechtungen betrafen insbesondere die Existenz des Himmels. Sie sprach mit niemand darüber, da sie fürchtete, sie könnte andere mit ihren unaussprechlichen Qualen anstecken. Gegenüber Mutter Agnès de Jésus sprach sie sich etwas deutlicher aus, wenn auch nur durch ein paar unvollendete Sätze. In der Geschichte ihrer Seele sagt sie, sie ertrage diese grausamen Qualen, um Gottes Barmherzigkeit auf die armen Seelen herabzuziehen, die den Glauben verloren haben. – Wie sehr hätte sie gewünscht, einen Beichtvater zu finden, der ihr in ihrem Kampf beigestanden hätte, aber unser Geistlicher hat sie dagegen eher verunsichert, indem er ihr erklärte, ihr Zustand sei *sehr gefährlich*. – Sie befragte auch Pater Godefroy, glaube ich, vielleicht auch einen anderen nicht ständigen Beichtvater und schrieb auf ihren Rat hin das *Credo* mit ihrem Blut auf das letzte Blatt des Evangelienbuches, das sie stets auf ihrem Herzen trug. Sie sagte zu mir, sie habe sehr oft Glaubensakte erweckt, um gegen diese üblen Eindrücke anzukämpfen. – Im Übrigen ließen ihre Treue und ihr Eifer dabei keineswegs nach, und es entsprach der Wahrheit, wenn sie sang:

Und ich liebe ihn umso mehr, wenn er sich meinem Glauben entzieht.
PA, 882. – Gerne bat sie die Priester um Rat (...), sie folgte dem Rat eines Seelsorgers, der sie aufforderte, das *Credo* abzuschreiben und es auf ihrem Herzen zu tragen, um gleichsam eine ständige Entgegnung auf die quälenden Versuchungen gegen den Glauben zu haben.
PA, 969. – Sie zeigte ihre respektvolle Haltung auch darin, dass sie den Rat eines Seelsorgers befolgte, das *Credo* abzuschreiben und es auf ihrem Herzen zu tragen, um ihre Versuchungen gegen den Glauben zurückzuweisen.
PA, 970. – Allerdings bedeuteten die Äußerungen des Einen oder Anderen, den sie um Rat fragte, manchmal eine Prüfung; so etwa (...) als gegen Ende ihres Lebens der Geistliche zu ihr sagte, ihre Versuchungen gegen den Glauben brächten sie in eine *sehr gefährliche Lage* (DE II, S. 436).
PO, 358v°, S. 279. – Merkwürdiger Gegensatz: Inmitten ihrer schweren Versuchung gegen den Glauben, die sich hauptsächlich auf die Existenz des Himmels bezog, ließ die Dienerin Gottes ununterbrochen ihre Hoffnung auf den Himmel erkennen und ersehnte ihn unaufhörlich.
PO, 360v°, S. 280. – Und das trotz ihrer fast ständigen geistlichen Dürre und ihrer Glaubensprüfung.
PO, 378r°, S. 292. – Schließlich ertrug sie auch ungewöhnlich tapfer, ohne je in ihrem Eifer nachzulassen, ihr ganzes Leben lang die geistliche Dürre und die inneren Prüfungen, zu denen gegen Ende ihres Lebens noch eine qualvolle Versuchung gegen den Glauben kam.
PO, 379v°, S. 293. – Ihre Stärke erwies sich auch in ihrer Glaubensprüfung, über die sie mit niemand sprach, um uns mit ihrer Versuchung nicht anzustecken. Sie ertrug diese Prüfung, ohne auch nur einen Hauch von Entmutigung erkennen zu lassen.
PO, 399r°/v°, S. 307–308. – Ihre Glaubensprüfung ließ auch an der

Schwelle zur Ewigkeit nicht nach, im Gegenteil; der Schleier wurde immer dichter. Zu ihrem seelischen Leiden traten noch schreckliche körperliche Qualen hinzu. (....) In ihrem tiefsten Leid wandte sie sich dem Himmel zu, erfuhr von ihm aber keine Linderung.

PO, 910. – Als sie nach innigen Gebeten zum lieben Gott und zu den Heiligen nicht erhört wurde, dankte sie ihnen dennoch und sagte: *Ich glaube, sie wollen sehen, wie weit ich es mit meiner Hoffnung noch treiben werde* (DE II, S. 480).

PA, 2424. – Sie gab zu, dass *sie, wenn sie den Himmel bat, ihr beizustehen, gerade am verlassensten war*, und wenn wir uns darüber wunderten, fügte sie hinzu: *Aber ich verliere nicht den Mut; ich wende mich an den lieben Gott und an alle Heiligen und danke ihnen trotzdem; ich glaube, sie wollen sehen, wie weit ich es mit meiner Hoffnung noch treiben werde....* (DE II, S. 480).

PA, 918. – Sie wünschte noch nicht einmal, von diesen schrecklichen Versuchungen gegen den Glauben befreit zu werden, und sang:

Meine Freude, das ist der heilige Wille
Jesu, meiner einzigen Liebe.
So lebe ich ohne jede Furcht.
Die Nacht liebe ich ebenso wie den Tag.

P 45, vom 21. Januar 1897)

PA, 2419. – Diese Seele (...) hatte die Reife des alten Menschen, der ohne erkennen zu lassen, dass er es ahnte, den beschwerlichen Weg zum Kalvarienberg ging. Ihre Sehnsucht nach dem Himmel war ruhig, da sie durch ihre andauernde Glaubensprüfung gedämpft war.

PA, 2420. – Und wenn sie trotz dieser schrecklichen Zweifel an der Existenz eines Lebens in der Ewigkeit den Tod herbeisehnte, dann damit sie, von ihren Fesseln befreit, ihren *kleinen Weg* über den ganzen Erdkreis bekannt machen und so bewirken könnte, dass *die Liebe geliebt wird*.

PA, 2422. – Wenn der Himmel ihrer Seele nicht ganz so dunkel war und sie einen Blick auf das Heraufdämmern des ewigen Lichtes erhaschen konnte, war ihre Sehnsucht, Gott zu schauen, umso selbstloser.
PA, 2428. – Während ihrer Krankheit (...) Sie war so lieb und freundlich, dass man sich leicht über die wahre Dunkelheit ihrer Seele und sogar über ihren Gesundheitszustand hätte täuschen können.

Thérèse de Saint-Augustin OCD
PO, 583v°/584r°, S. 402. – Zu meiner Überraschung vertraute sie mir etwas Merkwürdiges an: *Wenn Sie wüssten, so sagte sie zu mir, welche Finsternis mich umgibt. Ich glaube nicht an das Ewige Leben; mir scheint, dass es nach diesem sterblichen Leben nichts mehr gibt; alles ist für mich verschwunden, es bleibt mir nur noch die Liebe.* Von diesem Seelenzustand sprach sie als von einer Versuchung.
PA, 1111. – Ich war zutiefst überrascht, als sie mir im Vertrauen von ihren Versuchungen gegen den Glauben berichtete. Wie konnte ich mir vorstellen, dass diese stets heitere Seele gegen so große Schwierigkeiten zu kämpfen hatte? Man glaubte, sie würde in Tröstungen schwimmen.

Marie des Anges OCD
PO, 597r°, S. 411–412. – Während der sich lange hinziehenden Versuchung gegen den Glauben, die sie in ihrem letzten Lebensjahr quälte, erweckte sie, wie sie selbst sagte, im Laufe eines Jahres häufiger Glaubensakte als während ihres ganzen Lebens. Der gekreuzigte Jesus wollte sie durch diese Prüfung an der Finsternis des Kalvarienberges teilhaben lassen; aber ihre unsagbaren Schmerzen machten ihre Liebe nur noch reiner und glühender.
PA, 1146. – Der Glauben, der ihr Leben erfüllte und ihre Schriften und Gedichte durchdrang, war recht vielen Prüfungen sowie grau-

samen, sehr langen und schrecklichen Versuchungen ausgesetzt: *Ich erleide sie seit Monaten, sagte sie, und ich warte noch auf die Stunde meiner Befreiung.* Man muss durch diesen dunklen Tunnel gereist sein, um seine Finsternis zu ermessen.... und, um sie noch mehr verzweifeln zu lassen, sagte der Teufel zu ihr: *„Eine tiefere Nacht steht dir noch bevor, die Nacht des Nichts."*

PA, 1147. – Ganz gewiss hat der liebe Gott aus diesen Stunden der schlimmsten Seelenangst Ströme des Lichts für sie hervorquellen lassen, die sie ihren *Kleinen Weg der Hingabe und der geistigen Kindschaft* erkennen ließen... (...)

Die Dienerin Gottes trug den Text des *Credo*, das sie mit ihrem Blute geschrieben hatte, bei sich.

Marie de la Trinité OCD

PA, 1315. – Schwester Therese vom Kinde Jesus musste schreckliche Versuchungen gegen den Glauben erdulden. Als sie mir eines Tages von der Finsternis, in die ihre Seele getaucht war, berichtete, sagte ich ganz erstaunt zu ihr: „Aber diese lichtvollen Lieder, die Sie dichten, strafen Sie doch Lügen!" Sie entgegnete mir: *Ich besinge das, was ich glauben will, aber ohne jede Gefühlsregung. Ich möchte Ihnen noch nicht einmal sagen, wie schwarz die Nacht in meiner Seele ist, da ich fürchte, ich könnte Sie mit meinen Versuchungen anstecken.* Wenn sie mir dies nicht anvertraut hätte, hätte ich es nie geahnt, da ich sie sprechen und handeln sah, als sei sie mit geistlichen Tröstungen belohnt worden.

PA, 1333. – In ihrer Hoffnung auf Gott gab es kein Wanken, auch nicht als ihre Seele in tiefste Dunkelheit getaucht war, als ihre Gebete nicht erhört wurden, als alles sich ihren Wünschen entgegenstellte. *Der liebe Gott wird eher müde, mich zu prüfen, als ich müde werde, auf ihn zu vertrauen,* sagte sie eines Tages zu mir. *Selbst wenn er mich töten würde, würde ich noch auf ihn hoffen* (DE II, S. 441).

PO, 1096r°, S. 472. – Drei Tage vor ihrem Tod sah ich sie derart leiden, dass es mir fast das Herz brach. Ich näherte mich ihrem Bett; sie strengte sich an, um mir zuzulächeln, und mit erstickender Stimme sagte sie zu mir: *Ah, wenn ich den Glauben nicht hätte, könnte ich niemals solche Schmerzen aushalten. Es wundert mich, dass es unter den Atheisten nicht mehr Selbstmörder gibt.*

PA, 2464. – Ich sah sie drei Tage vor ihrem Tod in solchen Angstzuständen, dass ich zutiefst erschüttert war. Mit Mühe sagte sie zu mir: *Ah, wenn ich den Glauben nicht hätte, könnte ich niemals solche Schmerzen aushalten! Es wundert mich, dass es unter den Atheisten nicht mehr Selbstmörder gibt.*

Godefroy Madeleine O.Praem.
PO, 1211r°/v°, S. 518, DE FIDE HEROICA. – Die Dienerin Gottes hat sich durch einen heroischen Glauben ausgezeichnet und das umso mehr, als sie mit Gottes Einwilligung schreckliche und anhaltende Angriffe gegen diese Tugend auszuhalten hatte. Ich war der Vertraute ihrer Seele, vor allem während dieser Prüfungen, durch die Gott ihre Seele reinigte. Ich weiß genau, dass sie die Wahrheit sagt, wenn sie sich in ihrem Manuskript so ausdrückt: *Seit einem Jahr habe ich mehr Glaubensakte erweckt als während meines ganzen Lebens.* Ich war sehr beeindruckt von dem Frieden, der in ihrer Seele herrschte, inmitten all ihrer Ängste, und ich erinnere mich sehr gut, dass sie dabei nichts von ihrer gewohnten Fröhlichkeit und Herzlichkeit verlor. Ich habe diese große Prüfung immer angesehen als die Vorbereitung durch die Vorsehung auf die außergewöhnlichen Gnaden, die ihr auf dem letzten Abschnitt ihres Lebens gewährt wurden.

PA, 1423, SPES; PA, 1424, Acri tentatione diu probata (Zu 22, Hoffnung). – Diese Tugend war bei der Dienerin Gottes sehr lebendig und fest verwurzelt; aber Gott prüfte sie 18 Monate lang. Ihre Seele durchlebte eine Krise der spirituellen Finsternis, während der sie sich verdammt glaubte. Damals vermehrte sie ihre Akte des Vertrauens und der Hingabe an Gott. In ihrer Biographie sagte sie, sie habe damals mehr Akte des Glaubens, des Vertrauens und der Hingabe erweckt als während ihres gesamten übrigen Lebens. Ich sah sie zu jener Zeit ihres Lebens. Ihr Aussehen ließ niemanden etwas von ihren inneren Qualen ahnen. Und als ich sie fragte, wie sie ihre Qualen derart verbergen könne, antwortete sie mir: *Ich möchte nicht, dass jemand durch meine Qualen leidet.* Nur die Priorin und der Beichtvater durften davon wissen. – Quelle: Persönliche Kenntnis.

PO, 1214r°, S. 520–521. DE FORTITUDINE. – Vom äußeren Leiden der Dienerin Gottes weiß ich wenig, abgesehen von dem, was mir über ihre letzte Krankheit berichtet worden ist; aber aus ihren vertraulichen Äußerungen während ihrer Exerzitien weiß ich, dass der liebe Gott sie fast ständig sehr große innere Qualen erdulden ließ, die besonders zu bestimmten Zeiten für sie ein wahres Martyrium darstellten. Das waren zunächst sehr schmerzliche Skrupel, dann sehr starke Versuchungen gegen den Glauben und vor allem bezüglich ihres ewigen Heiles; und dann durchlitt sie ihr „Martyrium der Liebe", das zu beschreiben ich mich nicht in der Lage sehe. Aber der Gedanke, Gott zu beleidigen, bereitete ihr unsägliche Schmerzen.

PA, 1449/1450, STÄRKE. – Mir sind drei Situationen bekannt, in denen sie eine außerordentliche Stärke zeigen musste (...), ferner während jener Krise, die ihre große Prüfung darstellte: ich erinnere mich auch noch, dass man, wenn sie zum Beichtstuhl kam, niemals hätte vermuten können, dass sie eine so schwere Krise durchmachte; sie war ruhig und zeigte sogar noch eine gewisse Fröhlichkeit ...

PA, 1452, KEUSCHHEIT. – Ich kann sagen, dass sie Versuchungen gegen die Hoffnung hatte, niemals aber gegen die Reinheit.

PA, 1459, HEROICITAS VIRTUTUM. – Ich kann aus eigener und sehr genauer Kenntnis sagen, dass sie in heroischem Maße die Tugenden der Hoffnung und des Gottvertrauens übte, weil sie mir dies während ihrer großen inneren Prüfung anvertraute, so wie ich es bereits gesagt habe; ebenso die Tugend der Stärke, die vor allem hervortrat bei ihrem Eintritt in den Orden, während jener schrecklichen Versuchung und während ihrer letzten Krankheit.